프리랜서 번역가 수업 실전편

호린의 프리랜서 번역가로 멋지게 살기

프리랜서 번역가 수업
실전편

박현아 지음

세나북스

프롤로그

아직도 프리랜서 번역가로 잘 사는 호린입니다

안녕하세요. 『프리랜서 번역가 수업』을 읽으신 독자 여러분, 읽지 않고 바로 속편을 집어 드신 독자 여러분. 어느 쪽이든 만나 뵙게 되어서, 이 책을 읽어주셔서 감사합니다. 저는 호린 이라는 닉네임을 쓰는 박현아입니다.

전작인 『프리랜서 번역가 수업』을 읽고 어떠셨나요? 독자님의 삶에 어떤 변화가 일어났나요? 저는 아직도 프리랜서 번역가로서 잘 살고 있습니다. 새삼스레 제 소개를 해보겠습니다.

저는 관광 안내문과 게임을 주로 번역하는 일본어 번역가입니다. 물론 도서 번역도 하고, 과거에는 영상 번역도 해본 경험이 있습니다. 번역가가 되기 위해, 경력을 쌓기 위해 분야를 가리지 않고 번역 일을 하였고, 지금은 '돈이 되는 번역'을 위주로 열심히 활동하고 있습니다. 물론 이렇게 책도 쓰고 있습니다.

'좀 더 자세한 경력과 했던 일을 알고 싶다'라고 생각하실 수 있겠지만 산업 번역에서는 'NDA'라는 비밀유지계약을 맺기에, 제가 어떤 번역을 하는지 아주 상세히 밝힐 수 없는 점 양해 부탁드립니다.

저는 여전히 일어나고 싶은 시간에 일어나, 출근을 위해 지옥철을 타러 나가지 않고, 집에서 커피 한 잔의 여유를 즐깁니다. 아침을 먹고 네이버, 마이크로소프트, 애플에서 쓴다는 '허먼밀러 에어론 체어'에 앉아 노트북을 켭니다. 좋아하는 노래를 틀고 기계식 키보드를 타닥타닥 두드리며 번역 작업을 시작합니다.

이렇게 써놓으니 언뜻 우아해 보이지만 사실 5년 넘게 매일 이런 생활을 하면 너무나도 익숙한 일상이기에 특별하다는 생각은 들지 않습니다. 아주 가끔은 변화를 위해 노트북을 들고 집 근처 카페에 나가 일을 하기도 합니다.

이런 '번역가 일상'을 여러분과 공유하기 위해 블로그를 시작, 많은 분과 소통했고 지금도 하고 있습니다. 블로그에서 받은 응원에 힘입어 전작인 『프리랜서 번역가 수업』도 세상에 나오게 되었습니다. 출간 후 작가와의 대화 자리도 가졌습니다.

많아야 스무 분 정도 오실 줄 알았는데, 70분도 넘게 오셔서 카페 밖에서 자리를 함께하신 독자분도 계셨습니다. 당시 자리가 협소한 탓에 서 있을 수밖에 없었던 분들께 이 자리를 빌려 사과와 감사의 말씀을 전합니다.

그 이후 번역과 관련한 세미나와 소모임을 열어 간간이 번역 일과 프리랜서 번역가에 관심 있는 여러분과 만날 수 있었습니다. 감사하게도 제가 이런 자리를 마련할 때마다 모집하는 인원이 모두 충족되었습니다.

그 자리에서 한 분 한 분의 이야기를 듣고, '도대체 뭐가 문제여서 번역가 되기를 어려워하는가?'에 대해 좀 더 집중해서 구체적으로 생각해 보게 되었습니다. 그리고 제 생각을 정리하고 여러분의 이야기를 적극적으로 참고하여 이렇게 『프리랜서 번역가 수업 실전편』을 쓰게 되었습니다.

이 책에서는 번역가로 살아남기 위해 해야 할 일과, 번역 영업을 하는 실제 방법은 무엇인지, 번역 공부 방법에는 어떤 것이 있는지 등에 대해 자세히 다루었습니다.

산업 번역의 실제 예문을 번역하는 방법에 대해서도 많은 지면을 할애했습니다. 제가 일본어 번역가여서 내용은 모두 일본어로 된 예문으로 구성했습니다.

또한, 블로그를 통해서나 직접 만나서 들었던 여러 질문에 대한 답을 Q&A 형식으로 정리한 내용도 많은 분께 유용하리라 생각합니다.

블로그에서 『프리랜서 번역가 수업』을 읽고 번역가의 길을 걷기 시작한 분들의 이야기를 모집, Part 6에서 여섯 분을 소개했습니다. 번역가를 꿈꾸는 다른 독자님들도 이분들의 이야기를 읽으며 자극도 받고 용기도 가지게 되셨으면 좋겠습니다.

맨 마지막 장은 프리랜서에 관한 이야기입니다. 이 책은 번역과 번역가에 관한 내용을 다루지만 그 전제조건은 바로 '재택 프리랜서'입니다. 회사에 소속된 번역가라면 이 책의 내용과는 전혀 다른 일상을 보낼 겁니다.

『프리랜서 번역가 수업』의 독자분 중에는 번역가는 아니지만, 다른 직종의 프리랜서도 많았습니다. 다른 분야의 프리랜서는 어떤 생활을 하고, 일은 어떻게 하는지 궁금해서 책을 읽게 되었다고 합니다. 예상치 못한 일이지만 무척 흥미로웠습니다.

그래서 제가 경험한 프리랜서 생활을 바탕으로 많은 분께 유용하리라 생각되는 정보를 정리했습니다.

부디 전작에서 얻으실 수 없었던 힌트를 이 책을 통해서 많이 가져가시면 좋겠습니다. 제가 쓴 두 권의 책이 여러분이 원하는 일을 하는, 멋진 프리랜서 번역가가 되는데 꼭 필요한 매뉴얼 같은 존재가 되었으면 하는 바람입니다. 현역으로 활동하고 계신 훌륭한 번역가 선배님들, 동료분들께서 보시기엔 이 책이 부족한 점이 많아 보일지도 모르나, 넓은 마음으로 귀엽게 봐주시면 감사하겠습니다.

이 자리를 빌려 감사 인사를 하고 싶은 분들이 있습니다.

사랑하는 가족과 책이 나올 수 있게 제 꿈을 실현해주신 세나
북스 최수진 대표님, 그리고 블로그 구독자분들께 무한한 감사
와 존경을 표합니다.

자, 이제 제가 매일 마주하고 고민하는 일상이자 일의 세계,
프리랜서 번역가의 치열한 삶으로 함께 들어가 보실까요? 처음
에는 생소하겠지만 읽다 보면 나도 할 수 있겠다는 자신감이 드
실 겁니다. 프리랜서 번역가의 꿈은 결코 멀리 있지 않습니다.
바로 독자님 손안에 있습니다.

2018년 가을

호린 박현아

차례

Part 3. 산업 번역의 모든 것

PART 1

프리랜서 번역가로 살아남기

프리랜서 번역가를
당신의 직업으로 추천합니다

직장에 다닐 때의 저는 싱싱하지 못했습니다. 그렇습니다. 식물도 아니고 뭐가 싱싱하지 못했는지에 대해 얘기를 조금 늘어놓자면, 직장에서는 자유가 없었습니다. 너무 많은 제약과 규제가 답답했습니다.

솔직히 저는 우리가 흔히 말하는 '직장형 인간'에 전혀 맞지 않습니다. 인간은 사회적 동물입니다. 사회생활을 하며, 직장이라는 단체가 만들어놓은 규칙 속에서 살아가야 합니다. 그러나 저는 그러한 삶이 마음 깊이 이해되지 않았습니다.

"왜 모든 사람이 똑같이 9시까지 출근해서 6시까지, 정해진 장소에서만 일해야 하는 거지? 자신에게 주어진 일을 시간이나 장소에 구애받지 않고 자유롭게, 정해진 기한까지만 잘 해내면 되지 않을까?"라는 생각이 계속 머릿속에서 맴돌았고, 이런 생각 때문인지 실제 업무 태도는 엉망이었습니다.

'기한까지 일을 해내기만 하면 된다'라는 생각을 했기에 시간여유가 있으면 남들이 뭐라 하든 눈치도 보지 않고 사무실에서 인터넷 쇼핑을 했고, 몰래 숨어서 낮잠을 자기도 했습니다.

물론 저는 정해진 시간 안에 일을 해냈지만, 일을 해내기까지의 과정과 태도가 직장의 높은 분이나 동료에게 좋게 보였을 리 없습니다.

직장에서는 '바쁘지 않아도 바쁜 척, 열심히 일하는 척' 해야 하는 현실이 너무나도 불합리해 보였고, 업무가 아닌 다른 잡다한 일에 신경 써야 하는 점도 싫었습니다.

어째서 별 감흥도 없는 사람들과 사이좋은 척하며 지내야 하는가? 좋은 게 좋은 거라고 둥글게 지낼 수야 있지만, 감정의 소모와 헛된 노력이 부질없이 느껴졌습니다.

일 이외의 부분에는 전혀 신경 쓰고 싶지 않았습니다. 오로지 일 자체에만 집중해서 열정적으로 일하고 싶었습니다. 업무의 완성도를 높이고 임무를 잘 수행하는 데에만 온 힘을 쏟고 싶었습니다.

일반적으로 권장되는 바람직한 태도와는 정반대의 태도로 직장에 다니다 보니 직장생활은 순탄하지 않았습니다.

24살 때부터 28살 때까지 직장 다니다 그만두기를 밥 먹듯 했습니다. 짧으면 이틀, 길면 1년. 지금 생각하면 저를 믿고 채용해준 담당자분들께 죄송할 지경입니다.

숱한 직장을 오가면서도 25살 때부터 계속 번역에 도전했습니다. 그리고 30살에는 프리랜서 번역가로 자리 잡을 수 있었습니다. 지금 생각해도 '정말 다행이다'하고 안도감이 듭니다. 계속 직장생활을 했다면 어땠을지 상상만으로도 몸서리가 쳐집니다.

직장 다니는 친구들과 이야기를 나누어보면 저만 유독 별나서 '직장은 불합리하고 적응하기 힘든 곳'이라고 생각한 건 아닌듯합니다. 다들 비슷한 생각을 하는구나! 하며 묘한 안도감까지 듭니다.

업무를 하기 위해 모인 직장이지만, '업무에만 열중할 수 없다는' 점이 직장의 한계라고 생각합니다. 우리는 직장에서 일도 해야 하고 회식 자리와 인간관계와 승진 라인도 신경 써야 합니다. 도대체 왜!

이뿐만이 아닙니다. 자, 우리가 다니는 기업에서 우리의 근로 수명이 얼마나 될지 생각해 봅시다. 55세로 정년퇴직할 때까지 현재의 회사를 쭉 다닐 수 있는 사람이 과연 10명 중에 몇 명이나 될까요? 정년까지 다니겠다고 마음먹어도 실제로 실현 가능한 사람은 몇 안 됩니다. 나머지 사람들은 다 어떻게 되는 걸까요? 대부분은 55세가 되기 전에 다른 길을 찾아야 합니다.

2, 30대 여성의 경우는 정년퇴직까지 갈 것도 없습니다. 결혼, 출산과 동시에 직장을 그만두어 경력 단절이 되는 경우를 우리는 흔하게 봐왔습니다. 대부분의 사람들이 한 직장에서 몇십 년 다

니다가 정년퇴직을 하는 결말을 맞이하지 않습니다. 자의든 타의든 중간에 퇴직하게 됩니다.

최근에 읽은 한 기사에 의하면 청년의 절반이 6개월 안에 직장을 그만둔다고 합니다. 열악한 노동 환경과 세대 간의 노동 감수성 차이, 그리고 현실과 이상의 괴리 때문에 이런 일이 발생한다고 생각합니다. 우리 생각보다 대한민국 사회는 훨씬 더 심각한 상황입니다.

고용보험 취득자 데이터베이스와 고용보험 상실자 데이터베이스를 이용해 2005~2013년 고용유지율을 비교한 결과('고용유지율에 관한 분석', WPS(Working Paper Series)), 2005년에 청년 고용 유지율이 61.1%였다면, 2013년에는 55.2%밖에 되지 않는다고 합니다.

신문 기사에서는 이를 청년 10명 중 5명 이상이 취업 후 6개월 안에 회사를 그만두고 있음을 보여주는 객관적인 수치라고 말하고 있습니다. 2013년의 수치가 이러한데, 2018년인 지금은 오죽할까요? 상황은 점점 더 나빠져 가고 당분간은 좋아지기 힘들어 보입니다.

이제 안정적인 직장에 들어가 정년이 될 때까지 다니고 은퇴하는 건 옛 7080세대(대한민국에서 1970~80년대에 20대를 보낸 세대로 대략 1950년~1970년 생 정도)의 모습일 뿐이며, 우리 세대에서는 매우 희박한 케이스가 되고 있습니다.

차라리 이럴 바에는 일찌감치 다시 생각해보라고 말하고 싶습니다. 업무 외적인 것까지 신경 써야 하는 피로감, 기업이 망할지도 모른다는 불안감, 정년까지 다닐 수 없다는 현실을 모두 고려해보면 차라리 정년 없고, 자신이 원하는 일을 계속, 오랫동안 경력을 쌓으며 할 방법을 모색하라고 말입니다.

저는 그 방법의 하나가 '프리랜서'라고 생각합니다. 물론 프리랜서에게는 '남들과 차별되는 기술'이라는 강력한 무기가 있어야 합니다.

우리의 예상과는 달리, 그 무기를 준비하는 데는 생각보다 오랜 시간이 걸리지 않습니다. 번역가는 3년 동안 하루에 5시간 이상씩 집중적으로 시간을 투자하면 번역을 할 만한 실력을 갖출 수 있다고 생각합니다. 물론 개인차는 있겠지만요. 3년을 투자해서 정년 없이 평생 먹고살기, 이거 괜찮지 않나요?

물론 한 치 앞도 예측할 수 없어 불안한 것도 사실입니다. 프리랜서의 숙명입니다. 많은 사람이 미래가 불안하다는 이유로 프리랜서를 포기합니다. 여러분도 그렇게 생각할지 모릅니다.

그렇다고 프리랜서가 아닌 사람들의 미래가 안정적이라고 단정 지어 말할 수 있을까요? 생각해보면 미래는 늘 불안합니다. 누구의 미래든 말이죠.

어차피 불안한 미래를 살 거라면, 그나마 열정을 쏟을 수 있고, 자신이 원하는 직업을 가진 미래를 선택하라고 조언하고 싶습니다.

세상 사람 대부분이 자신이 원하지 않는 직업으로 꾸역꾸역 돈만을 목적으로 일하며 살아간다지만, 적어도 저는 그러고 싶지 않습니다. 그리고 이 책을 읽는 여러분도 그러지 않길 바랍니다.

한 번뿐인 인생입니다. 끊임없이 발전할 수 있고, 좋아하고, 내가 잘할 수 있는, 천직으로 생각하는 직업을 가지고 살았으면 좋겠습니다. 그리고 이건 분명 누구에게나 실현 가능한 꿈입니다.

어떤 번역가가 되고 싶은가를
정해야 한다

앞서 여러분이 자신이 스스로 선택한 직업을 가지길 바란다는 이야기를 했습니다. 여러분이 원하는 직업은 무엇인가요? 아마 이 책을 집어 드신 분들의 대다수는 '프리랜서 번역가'를 꿈꾸고 계시리라 생각됩니다.

어떻게 하면 프리랜서 번역가가 될 수 있을까요? 그 내용은 전작인 『프리랜서 번역가 수업』에서도 많이 다루었지만, 이 책에서는 좀 더 자세하게 그 방법에 관해 이야기해보고 싶습니다.

제가 강의를 할 때, 자주 던지는 질문이 있습니다.

여러분은 '어떤 번역가'가 되고 싶으신가요? 라는 질문입니다.

강의에서 이 질문을 했을 때, 어떤 분은 '자연스러운 번역을 하는 번역가'라고 하셨고, 또 다른 어떤 분은 '일감이 많은 번역가'라고도 하셨습니다. 어떤 분은 '책임감이 있는 번역가'라고 하셨습니다. 다 좋은 답변이었습니다. 여러분은 어떤 번역가가 되고 싶으신가요?

제 이야기를 해보겠습니다.

저는 5, 6년 전, 처음으로 '프리랜서 번역가가 되야겠다!'라고 결심했습니다. 먼저 두 가지 생각이 떠올랐습니다. '프리랜서 번역가가 되려면 어떻게 해야 하지?'와 '어떤 번역가가 되고 싶은가?'였습니다. 후자에 대해서는 몇 초 뒤에 답을 찾았습니다.

'돈 많은 번역가가 되고 싶다!'

자신이 번역을 한다는 사실에 희열을 느끼기만 하고 끝내고 싶지는 않았습니다. 그 희열은 처음 몇 달간만 이어질 거라는 생각이 들었고, '프리랜서 번역가'도 생계를 위해 실질적으로 '돈을 버는 직업'이라고 생각했습니다.

제가 한 번역을 돈으로 보상받지 않으면 아무 소용이 없다고 생각했습니다. 물론 취미로서 번역을 좋아하는 사람도 있겠지만, 적어도 제게는 번역이 확실한 돈벌이 수단이 되길 바랐습니다.

그다음에 든 생각은 '돈 많은 번역가가 되려면 어떻게 해야 하는가?'였습니다. 저는 이 생각의 답을 끊임없이 찾았습니다. 시간이 흐르면서 그 답을 조금 알 수 있게 되었습니다.

해답의 열쇠는 '영업'에 있었습니다.

프리랜서 번역가가 살길은
오로지 영업뿐!

『프리랜서 번역가 수업』에서도 많이 강조했지만, 프리랜서 번역가는 '영업'을 해야 합니다. 물론 어떤 사람은 회사에 근무하던 시절의 인연으로 영업 없이 바로 일감을 얻을 수 있을지 모릅니다. 그렇지 않은 한, 프리랜서 번역가는 영업의 스트레스에서 벗어날 수 없습니다.

안정된 프리랜서 번역가가 되려면 그만큼 일거리를 많이 주는 업체를 확보해 놓아야 합니다. 되도록 많은 업체에 영업해야 한다는 이야기가 됩니다.

프리랜서 번역가에게 영업은 끝이 없습니다. 자신이 아무리 많은 업체에 등록되어있다 해도, 그 업체와 언제 인연이 끊어질지 모릅니다.

프리랜서의 운명은 한 치 앞을 예상할 수 없습니다. 일이 있다가도 갑자기 없어지기도 합니다. 만약을 위해 프리랜서 번역가는 여유 시간이 있을 때 늘 영업을 해야 합니다.

영업을 꾸준히 하지 않는 프리랜서 번역가가 있다면 그건 두 가지 이유 중 하나일 가능성이 큽니다.

이미 일감이 차고 넘치며 누구나 일을 맡기고 싶어서 줄을 서는, 일거리 걱정을 안 해도 될 정도의 훌륭한 실력을 갖춘 프리랜서 번역가거나, 그냥 게으르고 나태한 프리랜서 번역가이기 때문입니다.

물론 예외도 있겠지만 영업을 하지 않는 프리랜서는 이 두 가지 중 하나라고 생각합니다. 저는 이 두 종류의 프리랜서가 아니기에(!) 오늘도 영업의 불꽃을 지핍니다.

솔직한 제 의견을 말하자면, 프리랜서 번역가로서 성공적으로 업계에 자리 잡기 위해 제일 중요한 능력은 '영업력'입니다. 자신이 가진 전문적인 능력이 아무리 뛰어난들, 그것을 팔아 영업하지 못하면 돈을 벌 수 없습니다.

전문적이고 뛰어난 실력도 물론 중요합니다. 하지만 6년 차 번역가인 저를 지탱해온 것은

- 영업을 꾸준히 하고
- 연락이 잘 되며
- 번역 이외의 것들로 클라이언트를 귀찮게 하지 않으며
- 반드시 기한 안에 납품한다

라는 네 가지 포인트입니다.

번역가가 영업하지 않고 일이 들어오지 않는다며 우는소리를 하는 건, 취업 준비생이 이력서도 내지 않고 면접 기회가 안 온다, 취직이 안 된다며 한탄하는 것과 같습니다. 영업을 하세요. 되도록 많이 하세요.

한두 군데 업체에 등록되었다고 안심하면 안 됩니다.

최소 100군데의 업체에는 이력서를 돌리고, 최소 25군데 업체의 샘플테스트를 통과하여 프리랜서 번역가로 등록해야 합니다.

그리고 최소 3개월을 기다리십시오. '최소'라는 것에 주목하시고, 더욱 노력하시길 바랍니다.

저는 얼마나 많이 영업했느냐고요? 솔직히 기억이 나지 않습니다. 지난 6년간, 심심하면, 일하다 힘들면, 지치면 하는 게 새로운 번역회사에 영업하는 일이었습니다. 얼마나 많은 번역회사에 이력서를 돌렸는지, 샘플 테스트를 얼마나 많이 받았는지 기억나지 않습니다.

그리고 영업 메일을 돌리고 나면 제발 답장을 기다리지 마세요. 마음을 비우세요. 답장이 오면 감사하지만 안 오면 그만이라고 생각하십시오. 솔직히, 답장이 오지 않아도 우리는 별로 손해 볼 것이 없습니다.

당연하지만 이 모든 영업은 '돈으로 환산할 만한 가치가 있는 번역 실력'이 준비된 이후에 하셔야 한다는 걸 명심하시길 바랍니다.

　다음 장에서는 번역회사에 영업하는 구체적인 방법을 알아보
겠습니다.

PART 2

번역회사에 영업하는 방법

한국 번역회사
영업 방법

『프리랜서 번역가 수업』에서도 번역 회사 영업방법을 언급했지만 좀 더 자세히 알고 싶다는 문의가 많았습니다.

이번에는 좀 더 구체적이고 자세한 번역회사 영업방법에 관해 이야기해볼까 합니다. 사실 영업 방법에 대해서는 단 한 줄로 정리해 드릴 수 있습니다.

'이력서를 작성하여 이메일이나 번역 회사 홈페이지의 지원 서식을 통해 프리랜서 등록을 신청하는 것'이 바로 그 방법입니다.

번역 회사를 어떻게 찾을지도 모르겠고, 경력이 없어서 지원해도 소용이 없을 거라고요?

그렇다면 먼저 '경력이 없는' 분들을 위해 '번역가로 경력을 쌓는 방법'부터 알려드리겠습니다.

처음에 경력을 쌓으려면 돈에 연연해서는 안 됩니다.

일본어→한국어 번역 기준 최저 시장 가격인 글자당 8~10원을 받는 일부터 시작합니다. 처음에는 어쩔 수 없습니다. 운이 좋아서 글자당 13~15원의 일을 처음부터 맡을 수도 있겠지만 그건 운이 좋은 경우이니 여기서는 고려하지 않겠습니다.

경력이 없을 때는 두 가지를 내세워야 합니다. '저렴'하고, '빠르다'입니다. 여기서 '빠르다'는 번역을 빨리해준다는 의미이기도 하지만 그보다는 '번역 일감이 올라오면 누구보다 빠르게 댓글을 달거나 메일을 보내는 '스피드'를 뜻하기도 합니다.

처음에는 빠르게 손을 들어야 하며 저렴한 단가를 받아야 한다는 사실을 잘 아시겠죠. 연락도 잘되어야 합니다. 그렇다면 어디에 가서 빠르게 댓글을 달거나 메일을 보내야 할까요?

생각해 봅시다. 번역이 필요한 사람이 번역가를 구하기 위해 찾는 곳이 어디일까요? 번역 회사겠죠. 하지만 번역회사는 경력이 없으면 프리랜서로 잘 써주지 않습니다. 번역 회사에 의뢰하면 비용이 더 들기에 직접 프리랜서 번역가를 구하는 클라이언트도 있습니다. 그런 클라이언트들은 '번역가가 모여 있는 커뮤니티'에서 번역가를 찾는 경우가 꽤 많습니다.

번역회사도 프리랜서 번역가를 찾기 위해 종종 이러한 커뮤니티에 글을 올립니다. 네이버와 다음 카페에 '번역'이라는 키워드로 직접 검색을 해보세요.

개인적으로 이러한 인터넷 커뮤니티 카페를 통해 일감 얻기는 처음 경력 쌓기 용으로 몇 번만 하는 걸 추천해 드립니다. 가격도 낮을뿐더러 번역회사를 거치지 않으니 약간 불안한 면이 있기 때문입니다.

몇 줄 정도 경력이 쌓였다면 프리랜서를 모집하는 번역회사를 검색해서 지원해보시기 바랍니다.

프리랜서를 모집하는 번역회사를 찾는 방법은 취업사이트를 이용해도 좋고, 검색 엔진에서 '번역회사'를 입력해서 검색한 뒤 홈페이지를 하나씩 방문해서 프리랜서 모집란을 찾아보면 됩니다.

일본 번역회사
영업 방법

일본 번역회사도 영업 대상이다

어떤 분들은 국내 번역회사만 영업 대상으로 생각하고 해외나 일본 번역 회사 등에 영업할 생각조차 하지 않습니다. 그래선 곤란합니다. 일본 번역 회사는 한국 번역 회사보다 대부분 단가가 높습니다.

일본어→한국어 기준으로 볼 때, 물론 1엔부터 시작하는 곳도 있으나, 많은 회사가 2~4엔 정도로 단가가 형성되어 있습니다. 글자당 2~4엔이라는 높은 단가를 받기 위해서는 일본 번역회사에 프리랜서로 등록되어 있어야 하며, 그러려면 역시 경력이 필요하지요. 일본에서 경력을 쌓는 방법을 자세하게 알아보겠습니다.

크라우드 웍스 사이트에서 일감 찾아보기

'크라우드 웍스(https://crowdworks.jp/)'라는 사이트가 있습니다. 이 사이트에는 간헐적으로 한국어 번역 일감이 올라옵니다.

물론 일본 사이트이므로 모두 일본어로 되어 있습니다. 사이트를 자유롭게 이용할 수 있을 만한 일본어 실력은 필수입니다.

번역회사가 일감을 올리는 때도 있고, 최종 클라이언트가 직접 번역 일감을 올리기도 합니다. 일감이 올라오면 많은 사람이 일감에 응모하는데, 클라이언트가 응모한 사람 중 원하는 사람을 선택해 일을 맡기는 방식입니다. 즉, 다른 사람들과 경쟁하는 방식입니다.

아니, 경력이 없는데 어떻게 경력이 있는 사람들과 경쟁을 하느냐고 생각하실 수 있습니다. 물론 지금 당장 번역 경력은 없을 수 있습니다. 하지만 우리는 살면서 다양한 경험을 합니다.

크라우드 웍스에 '야끼니쿠(불고기) 메뉴판 번역해주실 분! 2,000엔'이라는 글이 올라왔다고 가정해 봅니다. 그때부터 내 인생을 거슬러 올라가며 스캔해 봅니다. 야끼니쿠… 야끼니쿠… 내 인생에 야끼니쿠와 관련된 일이 있었던가…. 안타깝게도 야끼니쿠와 전혀 접점이 없는 인생을 살아오셨다면 이 일감은 포기하셔야 합니다.

하지만 공교롭게도 일본 워킹홀리데이 때 야끼니쿠 가게에서 아르바이트한 경험이 있으신 분은 그 경험을 잘 살려서 지원하시면 됩니다. 다음과 같이 말입니다.

야끼니쿠 가게 일감 응모 예시

> 처음 뵙겠습니다. 일본어를 한국어로 번역하는 OOO라고 합니다.
> 저는 2015년 무렵 도쿄 신주쿠의 야끼니쿠 가게 'OO'에서 6개월간
> 아르바이트를 한 경험이 있습니다. 홀 서빙을 하면서 손님의 주문을
> 원활하게 받기 위해 메뉴판을 외우다시피 하였습니다. 한국인 손님
> 도 많아서 일본어로 된 메뉴가 한국어로 어떤 부위의 고기인지 종종
> 설명해 드리기도 했습니다. 그래서 야끼니쿠의 메뉴를 일본어로도,
> 한국어로도 잘 알고 있습니다.
> 한국어 네이티브이며, 일본어는 고등학교 때부터 시작해 일본에서
> 1년간 워킹홀리데이를 다녀와 무리 없이 구사할 수 있는 수준입니
> 다. 이번 안건을 제게 맡겨주신다면, 야끼니쿠 가게에서 일한 기억
> 을 되살려 손님들이 쉽게 이해하고 주문할 수 있는 메뉴판으로 번
> 역해 드리겠습니다. 언제든지 연락 가능하니, 부담 없이 연락해주
> 시길 바랍니다.
> 감사합니다.

　　물론 크라우드 웍스에 지원 시, 이 모든 내용은 일본어로 써야
합니다. 크라우드 웍스 뿐만 아니라 다른 사이트에서 일감을 발
견했을 때에도 이런 방식으로 어필하시면 됩니다.

제 친한 동료 번역가는 처음 번역을 시작할 때 화장품 가게에서 비비크림을 판매한 경험밖에 없었다고 합니다. 하지만 그 이력을 잘 살려 지금은 화장품 전문 번역가가 되었습니다.

정말 자신에겐 아무런 경력이 없다고 생각하실 수도 있지만, 누구에게나 살아온 세월만큼의 연륜과 경험이 있습니다.

참고로, 크라우드 웍스에서도 가격 경쟁이 붙는 경우가 있으니 글자당 1엔부터 시작한다고 생각하시기 바랍니다.

건당 1,000~2,000엔 정도의 작은 일은 선착순으로 마감되기도 합니다. 그러니 수시로 크라우드 웍스를 확인하면서 제일 첫 번째로 빠르게 지원하면 일을 얻을 수 있겠죠? 역시 스피드는 번역가에게 항상 중요합니다.

크라우드 웍스는 가입할 때 일본 계좌번호를 적으라고 합니다. 하지만 해외에 살며 일본 계좌가 없는 사람들도 크라우드 웍스에서 활동할 수 있으며 돈을 받을 수 있습니다.

바로 '페이팔(paypal)'을 통해서 말입니다.

크라우드 웍스 측에 이메일로 문의하면 페이팔로 돈을 받을 수 있게 설정하는 방법을 안내해주니 참고하시길 바랍니다. 페이팔에 대해서는 인터넷 검색창에서 검색해 보면 다양한 정보가 나옵니다.

또한, 크라우드 웍스에는 '프로필'이라는, 자신을 어필하는 공간이 있습니다. 어떤 분들은 아무런 사진도, 이력도 올리지 않고 자신이 한국인이라는 것만 내세우는 서너 줄의 인사말만 올리곤 합니다. 그래서는 클라이언트 눈에 잘 띄지 않겠죠?

이력이 눈에 잘 띄게 자신의 강점을 어필하여 예쁘고 깔끔하게 프로필을 작성해 봅시다. 프로필은 자신을 판매하는 광고문구란입니다.

크라우드 웍스와 비슷한 사이트로 'lancers.jp'도 있습니다.

다만, 이곳은 일본 내 계좌로만 돈을 받을 수 있으니 일본 통장이 있으신 분들은 한 번 시도해 보시길 바랍니다.

일본 번역 연맹 사이트를 이용해서 일감 찾아보기

한국과 일본을 넘나들며 작은 일감을 몇 개 맡아 경력을 쌓으셨다고요? 그렇다면 이제 돈을 많이 받을 수 있는 일본 번역회사에 프리랜서로 지원해볼 차례입니다.

일본에는 '일본 번역 연맹(https://www.jtf.jp/)'이라는 단체가 있습니다. 제법 규모 있는 번역 회사들이 많이 가입한 단체입니다. 이 일본 번역 연맹 사이트에서 '번역 회사 리스트'를 살펴보면 연맹에 등록된 회사의 홈페이지를 찾아볼 수 있습니다. 홈페이지에 들어가서 번역가 응모 서식에 직접 지원 내용을 입력하거나 번역가 모집 이메일로 이력서를 보내면 됩니다.

연맹 사이트에도 번역 구인란이 있지만, 경험상 '일본어→한국어'나 '한국어→일본어' 번역일은 매우 드물게 올라왔으며, 대부분의 일감이 '영어→일본어' 번역이었습니다.

그러므로 번역 회사 리스트를 통해 일본 번역 회사 홈페이지를 방문해 지원하는 방법을 더 추천해 드립니다. 일본 번역 회사 중 한국어를 다루지 않는 회사는 드뭅니다.

저는 최근에 이 '일본 번역 연맹'에 번역가로 가입했습니다.

번역가로서 가입했을 때 어떤 점이 좋은지 직접 경험해 보기 위해서입니다. 가입한 지 몇 개월 안 돼서인지 아직 이렇다 할 좋은 점은 없었습니다. 나중에라도 뭔가 수확이 있으면 그 후기를 블로그에 올리겠습니다.

이밖에도 '구글'이나 '야후 재팬'에 '翻訳(번역)' 등의 키워드로 검색해서 번역 회사를 찾는 방법이 있으니 꼭 시도해 보시기 바랍니다.

ProZ 사이트를 이용한
영업 방법

'ProZ(https://www.proz.com/)'라는 사이트를 아시나요?

ProZ는 전 세계의 수많은 번역 회사와 번역가들이 가입한 사이트입니다. 영어로 된 홈페이지이므로 홈페이지를 이용할 수 있는 간단한 영어 정도는 가능해야 합니다.

이곳의 잡포스팅(Job posting) 게시판에는 일본어↔한국어 일감도 간혹 올라옵니다. 잡포스팅 게시판에 올라오는 글은 유료회원이 아니면 8시간 이후에나 열람할 수 있으니 되도록 유료회원 가입을 추천합니다. 하나하나의 일감은 소중하니까요.

잡포스팅 뿐만 아니라 번역 회사(Translation Companies) 메뉴를 통해 일본어↔한국어 언어 페어를 다루는 회사를 검색하고 그 회사 홈페이지로 들어가 프리랜서 등록을 할 수도 있습니다.

유료 회원으로 가입하면 번역가 검색을 통해 클라이언트가 개인적으로 일감 의뢰 메일을 보내오는 경우도 종종 있습니다. 물론 이런 일감 메일은 여러 명에게 돌릴 가능성이 있으니, 이때도 손을 빨리 드는 스피드가 중요합니다.

영업 메일
작성 방법

이번에는 한국이든 일본이든 번역 회사에 이메일로 지원할 때의 메일 내용에 대해서 알아보겠습니다.

영업 메일 예시 1

> **제목** : 번역합니다.
>
> **내용** :
>
> 일본어 번역합니다.
>
> 이력서 첨부하니 확인해 주세요.
>
> 감사합니다.

이런 식이어선 곤란합니다.

먼저 메일을 처음 보내는 입장이므로 정중함을 잊지 않도록 합시다. 인사말과 함께 자신이 누군지 명확히 밝히는 것이 중요합니다.

어떤 언어를 번역하며, 현재까지 어떤 분야의 번역을 몇 년 동안 해왔는지 자신의 정보를 친절하고 알차게 제공해야 합니다.

만약 경력이 없다면 관심 있는 분야나 자신 있는 분야를 적어도 좋습니다. '업무 가능 시간'도 반드시 적도록 합니다.

CAT Tool 사용이 가능하다면 이런 내용도 반드시 함께 기재합니다.

영업 메일 예시 2

제목 : 일본어 번역 지원합니다.

내용 :

안녕하세요.

일본어를 한국어로 번역하는 김번역입니다.

OO 사이트에서 보고 프리랜서로 등록하고자 연락드립니다.

관광, 게임 분야를 전문으로 번역하고 있으며 경력은 3년입니다.

Trados 2017을 사용 중이며, 엑셀 등의 오피스 프로그램도 원활히 다룰 수 있습니다.

월요일부터 토요일, 아침 9시~밤 11시까지 언제든지 번역 의뢰 상담이 가능합니다.

괜찮으시다면, 첨부한 이력서를 살펴봐 주시길 바랍니다.

이번 기회가 인연이 되어 귀사와 함께 일하게 되었으면 좋겠습니다.

감사합니다.

영어의 중요성을
간과해서는 안 된다

영어 공부의 중요성에 대해 언급해보고자 합니다.

저는 일본어 번역가입니다. 하지만 제 경험상 일본어 번역을 할 때도 영어는 필요했습니다. 일본어로 된 글을 한국어로 번역하는 일을 하는데 언제 영어가 필요했느냐고요?

바로 '번역회사와 커뮤니케이션' 할 때, 영어가 필요했습니다.

규모가 큰 번역회사들은 대부분 한 국가에만 머물러 있지 않고 다양한 국가에 지사를 둡니다. 그리고 다양한 국적의 인재를 채용하죠. 그렇기에 아무리 일본 회사라고 할지라도 영어를 사용하는 경우가 꽤 있었습니다.

번역 프로젝트 매니저들도 영어로 안건의 진행 가능 여부를 묻는 메일을 종종 보내옵니다. 그렇기에 우리에겐 이들이 쓴 메일 내용을 이해할 수 있을 만한 영어 실력이 필요합니다.

물론 영어로 온 메일에는 영어로 답장하는 것이 일반적이니, 간단한 영어 작문 실력도 갖추어 놓으면 좋습니다.

그러려면 영어를 굉장히 잘해야 하지 않느냐고 물으실 수도 있습니다.

하지만 '다양한 국적의 인재'라고 했지, 영어가 네이티브인 사람이라고는 말씀드리지 않았습니다. 프로젝트 매니저가 중국인이나 러시아인인데 커뮤니케이션을 위해 영어로 메일을 보내는 경우도 많습니다. 그들로서도 영어는 외국어인 셈입니다.

즉, '네이티브가 보기에 자연스러운 영어' 수준까지는 구사하지 않아도 됩니다. 어떻게든 커뮤니케이션이 가능한 정도로만 영어를 하시면 됩니다. 그 레벨이 어느 정도냐고 물으신다면 저는 토익 700~800점 정도 수준이라고 생각합니다. 비즈니스 영어책을 한 권 사서 공부하는 것도 좋은 방법이라고 생각합니다.

가장 중요한 것은
실천

자, 이렇게 몇 개의 번역회사 영업 방법에 대해 알아봤습니다.

어떤 분들은 '이게 뭐야, 이게 다야?'라고 생각하실지 모르지만 저는 이러한 정보들을 얻기 위해, 제가 안내해 드린 사이트들이 믿을 만하다는 확신을 하기까지 많은 시간을 투자했고 시행착오를 겪었습니다. 고급 정보는 그 값을 한다고 생각합니다. 물론 여기에 기재되어 있지 않은 정보도 조금 더 있습니다.

참 놀랍게도, 이렇게 책에 상세하게 정보를 안내해도, 책을 읽은 모든 번역가 지망생이 이 방법들을 그대로 잘 따라 하며 실천하지는 않았습니다. 전작 『프리랜서 번역가 수업』을 내고 이 사실을 알았습니다.

책에 실린 많은 힌트를 알아서 검색해보고 찾아서 내 것으로 만드는 분들이 있는가 하면, 책을 덮은 뒤 일본어 공부나 번역 공부를 작심삼일로 끝내거나, '좀 더 정보를 알려달라고!'라며 투정을 부리는 분도 계셔서 꽤 놀랐습니다.

여러분, 번역가가 되고 싶으신가요? 그렇다면 망설이지 말고 이 책에 나온 방법들을 실천해 보세요. 지금 당장 실행에 옮기고 지속하세요. 1, 2주 정도 실천해보고 단념해선 앞으로 나아갈 수 없습니다. 최소 1년은 노력해야 합니다.

지금 당장 크라우드 웍스와 일본 번역 연맹을 찾아 들어가 보고, 자신의 일본어 실력과 번역 실력이 어느 정도 수준인지 진지하게 고민해 보세요. 실력을 평가받을 방법이 있는지도 생각해 보시고요. 앞으로 어떤 번역가가 되어 성장할지 구체적으로 계획을 세워보고 혼자서 어려우면 제가 운영하는 '번역가 컨설팅 서비스'에 참여해서 상담을 받으셔도 좋습니다.

'번역가 컨설팅 서비스'에 대해 간단히 이야기해 보자면, 제가 직접 과제를 내드리고 번역문과 이력서를 첨삭해 드리는 유료 온라인 컨설팅 서비스인데, 비정기적으로 회원을 받고 있습니다. 자세한 내용은 제 블로그인 blog.naver.com/godivaesther의 '공지 사항'을 참고하시길 바랍니다.

아무리 좋은 방법을 알려줘도 그 방법을 실제로 실천하는 사람은 얼마 되지 않습니다. 저는 여러분이 그 얼마 되지 않는, 실천하는 사람이 되길 진심으로 바랍니다. 무슨 일이든 실천하지 않고 머릿속으로 생각만 한다면 그건 무의미한 공상에 지나지 않습니다.

이 책에 나온 방법과 사이트들은 제가 오픈한 정보이기에 이 책을 읽는 분들이라면 누구나 알게 되실 것입니다. 많은 사람이 위 사이트에 들어가 보겠죠. 그러니 저는 이 정보들은 참고만 하고 자신만의 방법을 꾸준히 찾으라는 조언도 드리고 싶습니다.

아마 일본 번역 연맹의 번역 회사 리스트를 보고 누구나 다 첫 페이지 맨 위의 회사부터 메일을 돌리기 시작하겠죠?

'누구나 다' 하는 방법 말고, 조금 생각을 바꾸어 자신만의 방법을 개척하는 것도 좋은 방법입니다.

PART 3

산업 번역의 모든 것

산업 번역에 대해
알아보자

많은 분이 '번역가'라는 말에 도서 번역, 영상 번역을 먼저 떠올립니다. 하지만 도서 번역과 영상 번역이 번역의 전부가 아니라는 사실을 다시 한번 상기시켜드리고 싶습니다. 번역 업계에는 도서 번역과 영상 번역 이외에도 '산업 번역'이라는 분야가 있습니다. 왠지 어렵고 낯설게만 느껴집니다.

하지만 산업 번역은 우리 일상 속 아주 가까이에 있습니다.

알기 쉬운 예를 들어보겠습니다. 편의점에만 가도 우리는 해외에서 들어온 수입 과자들을 만나볼 수 있습니다. 과자 봉지 뒷면에 있는 한국어로 된 안내. 이 안내문들은 외국 과자 봉지에 있던 외국어 안내를 한국어로 번역한 '번역문'입니다.

우리 일상 속에 해외 수입품이 얼마나 많은지 한 번 생각해 보세요. 그 수입품의 안내문이 한국어로 번역된 경우를 생각해 보면 어마어마한 분량의 '번역'이 이루어지고 있음을 짐작할 수 있습니다.

이렇듯 번역은 생각보다 우리 일상 속 깊이 스며들어 있습니다. 산업 번역은 도서나 영상 번역보다 진입하기가 쉬우며 일감도 도서나 영상 번역에 비해 많습니다.

특히 관광 번역이 많은데, 실제로 제가 받는 일감 중 70%가 관광 번역입니다. 보통 글자당 단가를 매기며, 그때그때 들어오는 일의 양이 다릅니다. 짧게는 한 줄부터 많게는 몇십 만자나 되는 프로젝트를 받기도 합니다.

고정적인 일이 아니라면 언제, 어느 회사에서, 어떤 일감을 던져줄지 알기 힘듭니다. 대부분 마이크로소프트 오피스 프로그램으로 파일이 오며, 번역 프로그램인 '트라도스(Trados)'나 'MemoQ'라는 프로그램 파일로 올 때도 있습니다.

산업 번역의
구체적인 방법과 요령

실제로 산업 번역을 하는 번역가들이 어떤 텍스트를 번역하는지 궁금하다는 이야기를 많이 들었습니다.

제 주요 분야인 '관광', '게임' 번역에서 어떤 텍스트를 번역하는지 살펴보겠습니다. 또한, 실전에서 제가 번역할 때 신경 쓰는 중요 요소들과 번역의 요령에 대해서도 알아보겠습니다.

앞으로 이야기할 내용은 저의 방식일 뿐이며, '번역'이라는 일은 주관적인 면이 크므로 제 작업 방식과 저의 번역문에 대해서는 사람에 따라 다른 의견이 나올 수도 있다는 점을 유념해 주시길 바랍니다.

그럼 먼저 관광 번역과 게임 번역의 공통점을 알아보겠습니다.

관광과 게임의 공통점은 무엇일까요?

바로 '고객님께서 즐기시는 콘텐츠'라는 것입니다. 번역이 서비스직도 아닌데 웬 '고객님'? 이라고 생각하실 수도 있습니다. 조금 더 자세히 설명하겠습니다.

저는 번역을 할 때 다음과 같은 세 가지 요소를 중점적으로 생각하며 번역을 합니다.

- 글의 목적
- 독자
- 원문의 의미

하나씩 차근차근 설명해 보도록 하겠습니다.

첫 번째로 글의 목적에 대해 생각해 보겠습니다. 클라이언트가 관광 안내를 번역해달라는 의뢰를 해왔습니다. 자, 클라이언트는 관광 안내를 '어째서, 왜' 번역하려는 걸까요?

관광 안내를 번역하면 클라이언트에게 어떤 이익이 생겨날까요? 아마 클라이언트는 한국인 관광객을 많이 유치하고 그들이 소비 활동을 하게 만들기 위해 번역을 의뢰했을 겁니다. 자, 관광 안내문을 어째서 번역하려는지 알 수 있으시겠죠.

두 번째로 독자에 대해 생각해 보겠습니다. 이 번역문을 '누가 읽을 것인가'를 생각해 봐야 합니다. 한국어로 된 관광 안내는 누가 읽을까요? 맞습니다. 한국인 관광객입니다. 번역문을 읽는 사람은 '한국인 네이티브'이기에, 번역문은 한국인이 읽었을 때 자연스러운 우리말로 읽혀야만 합니다.

그리고 '일본어를 전혀 모르는 사람이 이 글을 읽는다'라고 생각해야 합니다. 그러니 원문에 너무 사로잡히지 말고 '한국인이 읽었을 때 자연스러운 한국어 글'로 번역해야 합니다. 번역한 뒤에 원문을 잊고 자신의 번역문을 다시 한번 읽어보면 좋습니다.

세 번째로 '원문의 의미'에 대해 생각해 보겠습니다. 원문이 어떤 의도로, 어떤 의미로 쓰였는지 내용을 정확하게 파악하는 것이 중요합니다. 원문의 내용과 뉘앙스를 잘 담되, 자연스럽고 목적에 맞게 번역해야 합니다.

이 외에도 번역문의 '통일성' 또한 중요합니다. 번역문의 통일성이란, 1페이지에서 나온 고유명사를 100페이지에서도 똑같이 써주는 것을 말합니다.

예를 들면 원문에 'apple'이라는 단어가 나왔는데, 이것을 앞 페이지에서 '홍옥'이라고 번역했다면 특별한 이유가 있지 않은 이상, 1페이지와 53페이지의 apple이 같은 의미라면, 53페이지에서도 마찬가지로 '홍옥'이라고 번역을 유지해 주어야 합니다.

이것은 트라도스 프로그램을 활용하면 쉽게 일관성을 유지할 수 있습니다. 자, 그럼 이러한 내용을 바탕으로 예문을 통해 실제로 어떤 식으로 번역을 하면 좋을지 살펴보겠습니다.

산업 번역 실전 스터디

관광번역 첫 번째

- 포토존이 가득! 반드시 가야 할 일본 전국의 지오파크 7선 -

원문

フォトスポット満載!絶対に行くべき日本全国のジオパーク7選
地球活動が生み出した地形・地質、それらと深く関わりのある人々の生活や歴史が学べるジオパーク。美しい景観が満載で、フォトスポットとしても人気なんですよ。そこで今回は絶景が撮れるジオパーク7選をご紹介。

출처 : https://wow-j.com/jp/Allguides/other/sightseeing/01638_jp/

자, 이 문장을 어떻게 번역하시겠습니까?

[수정 전 번역문]

포토스팟이 가득! 반드시 가야 할 일본 전국의 지오파크 7선

지구 활동이 만들어낸 지형과 지질, 그것들과 깊이 관련이 있는 사람들의 생활과 역사를 배울 수 있는 지오 파크. 아름다운 경관이 만재하며 포토스팟으로서 인기랍니다. 여기서 이번에는 절경을 찍을 수 있는 지오파크 7선을 소개.

이 문장은 제가 진행하고 있는 '번역 컨설팅 서비스(일명 번역 실미도)'를 받고 있는 대원들이 일으킨 많은 번역 오류들을 총집합한 문장입니다. 원문과 대조해보지 말고 한국어 문장만 봐주세요. 어떠신가요? 자연스러운가요?

일본어를 아는 사람이 원문과 대조해 보면 '아 원문의 뜻이 맞긴 하네'라는 생각이 들 겁니다. 하지만 우리가 관광지에 가서 안내문을 볼 때, 원문과 대조하면서 글을 읽는 경우가 있나요?

'번역문'이란 일본어를 모르는 사람을 위한 것입니다. 그러니 번역 공부를 하는 사람이 아닌 이상 독자는 '번역문만 읽고' 모든 내용을 판단합니다. 그렇다면 아래 번역문을 살펴봐 주세요.

[수정한 번역문]

포토존이 가득! 꼭 가봐야 할 일본 전국의 지오파크 7곳

지오파크에서는 지구 활동으로 생성된 지형 및 지질과 밀접한 관련이 있는 사람들의 생활과 역사를 배우실 수 있습니다. 아름다운 경관이 가득하여 포토존으로도 인기가 많습니다. 이번에는 절경을 카메라에 담으실 수 있는 지오파크 7곳을 소개하겠습니다.

이 문장은 대원 중 한 분이 제출한 문장입니다. 어떤가요? 훨씬 자연스럽지 않은가요? 하나씩 살펴보겠습니다.

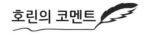

포토스팟을 '포토존'으로 변경했습니다. 틀린 걸까요? 아뇨, 저는 틀리다고 생각하지 않습니다. 의미만 잘 전달되면 됩니다.

'깊이 관련이 있는'은 '밀접한 관계를 맺어온'으로 부드럽게 바뀌었습니다. '배울 수 있는 지오 파크.'는 '배우실 수 있는 공원입니다.'로 바뀌었습니다. 고객님이 글을 읽으'실' 것을 상정해 배우'실' 수 있는 공원이라고 바꾸었습니다. 관광유치를 위해 이 글을 읽는 사람은 소중한 존재이니 '높임말'을 써야 마땅합니다.

'이번에는 절경을 찍을 수 있는 지오파크 7선을 소개.'라는 문장은 '이번에는 절경을 카메라에 담으실 수 있는 지오파크 7곳을 소개하겠습니다.'라고 수정했습니다.

'절경을 찍는 것'보다 고객님께서 '절경을 카메라에 담으시는' 것이 훨씬 세련되지 않나요?

마지막으로, 많은 대원이 원문이 'ご紹介。'로 끝났다며 '소개.'로 번역문을 마무리했지만, 문장을 명사로 끝내는 건 아무리 봐도 어색합니다. 원문이 명사로 끝났다고 해도, 독자가 자연스럽게 읽을 수 있도록 '소개하겠습니다.'라고 문장을 잘 마무리해

주어야 합니다.

이제 조금 감을 잡으셨으리라 생각합니다. 관광 번역은 관광지를 '고객님'께 소개하고, 읽는 이로 하여금 머릿속에 자신이 관광지로 놀러 간 모습을 자연스럽게 떠올리게 만들어서 관광지로 가는 티켓을 끊게 만드는 것이 목적입니다.

산업 번역 실전 스터디

관광번역 두 번째

- 기요미즈데라의 역사 -

원문

清水寺の歴史

音羽山清水寺の開創は778年。現代から遡ること約1200年前です。

大きな慈悲を象徴する観音さまの霊場として、古くから庶民に開かれ幅広い層から親しまれてきました。

古い史書や文学のなかには、多くの人々が清水寺参詣を楽しむ様子が描かれています。

京都の東、音羽山の中腹に広がる13万平方メートルの境内には、国宝と重要文化財を含む30以上の伽藍や碑が建ち並びます。

創建以来、10度を超える大火災にあいそのたびに堂塔を焼失しましたが、篤い信仰によって何度も再建されました。

現在の伽藍はそのほとんどが1633年に再建されたものです。1994年にはユネスコ世界文化遺産「古都京都の文化財」のひとつとして登録されました。

[수정 전 번역문]

기요미즈데라(청수사, 清水寺)의 역사

오토와야마 기요미즈데라의 개창은 778년. 현대부터 거슬러 올라 약 1200년 전입니다.

큰 자비를 상징하는 관음님의 영장으로서 오래전부터 서민에게 열린 폭넓은 층에 친숙히 여겨져 왔습니다.

오래된 사서나 문학 중에는 많은 사람이 기요미즈데라 참배를 즐기는 모습이 묘사되어 있습니다.

교토의 동, 오토와야마의 중턱에 펼쳐진 13만평방 미터의 경내에는 국보와 중요문화재를 포함한 30 이상의 가람과 비가 서 있습니다.

창건 이래, 10번이 넘는 대화재를 만나 그때마다 당탑을 소실하였으나 두터운 신앙으로 몇 번이고 재건되었습니다.

현재의 가람은 그 대부분이 1633년에 재건된 것입니다. 1994년에는 유네스코 세계 문화유산 「고도 교토의 문화재」 중 하나로서 등록되었습니다.

[수정한 번역문]

기요미즈데라의 역사

기요미즈데라가 오토와 산에 세워진 시기는 778년, 지금으로부터 약 1200년 전입니다.

자비로움의 상징인 관음보살을 모신 곳으로 오래전부터 서민들에게 개방되어 많은 사람에게 사랑을 받아왔습니다.

오래된 역사서와 문학 속에서 많은 사람이 기요미즈데라에 참배를 올리는 모습이 묘사되었습니다.

교토의 동쪽, 오토와 산 중턱에 펼쳐진 13만m² 규모의 경내에는 일본 국보와 중요문화재를 포함해 가람(절의 큰 건물)과 비석이 30개 이상 늘어서 있습니다.

절이 세워진 이후로 큰 화재를 10차례 넘게 겪을 때마다 당과 탑이 소실되었지만, 신실한 믿음으로 몇 번이고 재건되었습니다.

현재 대부분의 가람은 1633년에 재건된 것입니다. 1994년 유네스코 세계문화유산 '고도 교토의 문화재' 중 하나로 등록되었습니다.

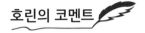

호린의 코멘트

이 글은 제가 진행했던 '관광 번역 강의' 자료입니다. 수강생들에게 텍스트를 미리 나누어 주고 사전에 번역해 보길 권했습니다. 당시 수강생들의 실수를 바탕으로 '수정 전 번역'을 작성했습니다.

먼저, 기요미즈데라(청수사, 淸水寺)부터 살펴보겠습니다. 굳이 괄호에 '청수사'라고 한글로 쓰는 의미가 있을까요? '기요미즈데라'는 고유명사입니다. 한자 정도는 함께 적어도 좋다고 생각합니다만, 특별히 한자의 한글 발음을 써줄 필요는 없다고 생각합니다.

'큰 자비를 상징하는 관음님'이라고 번역하면 어쩐지 '관음님'이라는 단어가 익숙지 않습니다. 우리에게 익숙한 '관음보살'로 바꿔주도록 합시다.

'霊場として'는 그대로 살려두지 않고 '관음보살을 모신 곳'이라고 바꾸었습니다. '관음보살을 모셨다'라는 문장 자체에서 영험하고 성스러운 기운이 느껴지지 않나요? 우리에게 익숙하지 않은 '영장'이라는 말을 사용하기보다는, 이해가 쉽도록 부드럽게 풀어써 주면 좋습니다.

'오래된 사서'라고 되어있는데, 여기에서 사서는 역사서를 가리키는 것이지요. 우리에게 친숙한 말로 바꿔주는 것이 중요합니다. '清水寺参詣を楽しむ様子'(기요미즈데라 참배를 즐기는 모습)에서 '참배'에 주목해 봅시다. 참배 다음에 나올 수 있는 동사로는 무엇이 있을까요?

일본어에서는 楽しむ(즐긴다)를 쓸지도 모르겠으나, 보통 한국에서는 '참배를 즐기는'은 왠지 경건하지 않아 보이고 좀 어색한 결합입니다. 참배는 '올리는' 것이겠지요. 여기서 참배를 즐기는 것을 '올린다'로 바꾼다고 해서 글의 내용이 달라질까요? 아닙니다. 원문의 의미를 해치지 않는다면 유연하게 의역을 해주는 것도 좋습니다.

'가람'은 네이버 사전에서 검색하면 어떤 뜻인지 바로 알 수 있습니다. '절의 큰 건물'이라는 뜻입니다. 이것은 사찰 전문 용어이니 그대로 써도 좋지만, 일반인은 가람이 무엇인지 잘 모를 수 있기에 '가람(절의 큰 건물)'과 같이 괄호로 짧게 안내해 주는 것도 좋습니다.

'30以上'을 '30 이상'으로 번역한 수강생도 있었는데, 30 이상은 뭔가가 빠진 거 같습니다. 자연스럽게 읽히도록 '30동'이라든가, '30개'라는 수사를 넣어주는 편이 좋겠습니다.

다음 줄입니다. '창건 이래'라고 일반적으로 번역을 많이 하지만, 저는 '절이 세워진 이후로'라고 풀어썼습니다. 관광 번역문은 불특정 다수를 독자로 삼는 번역문이니 누구나 이해할 수 있도록 쉬운 말로 풀어 써주면 글이 더 자연스러워집니다.

'대화재'를 '대지진'으로 쓰신 분도 계셨습니다. 한자를 잘 확인하도록 합시다. '당탑'은 '당과 탑'이라고 풀어 써주면 어떨까요.

'신실한 신앙'도 '믿음'이라는 좀 더 쉬운 말로 풀어 써주었습니다.

'国宝と重要文化財(국보와 중요문화재)'라는 말이 나오는데, 번역문에는 앞에 '일본'을 붙여주면 좋겠지요.

자칫하면 독자가 '한국의 국보인가?'라고 생각할 수 있기 때문입니다. 그걸 모를 리가 없다고 생각하실 수도 있겠지만, 그래도 독자가 읽다가 조금이라도 혼란을 느낄만한 요소는 배제하는 게 좋다고 생각합니다.

가람이라는 말은 앞에서 부연 설명을 해주었으니 여기서는 그냥 써주어도 됩니다. '고도 교토'는 캐치프레이즈처럼 정형화된 문구이므로 그대로 써주어도 좋습니다.

참, 우리나라에서는 꺾쇠를 잘 쓰지 않고 일반적으로 작은따옴표를 써주니, 「고도 교토의 문화재」 → '고도 교토의 문화재' 와 같이 꺾쇠를 작은따옴표로 바꿔주도록 합시다.

산업 번역 실전 스터디

관광번역 세 번째(맛집)

- 본격 교 가이세키 가와도코 요리 -

원문

川床料理　〜Take〜　全10品

京都ならではの上品で本格的な【本格京会席】です。料理長自ら
が選び抜いた食材をじっくりとご堪能ください。

初夏〜盛夏は『川床』または『お部屋』にて味わえます。厳選さ
れた旬の素材に伝統を守る料理人の業、そして、日本旅館の原点
ともいえる、しっとりと落ち着いた"和"の癒しの空間をここ『
貴船　ふじや』でご用意しています。

출처 : http://www.kibune-fujiya.co.jp

이번에는 맛집 번역입니다. 맛집 번역도 관광 번역에 해당합니다. 관광객들이 관광지에 가서 기대하는 것 중 하나가 바로 음식입니다. 관광지의 음식점 안내가 한국어로 표기되어 있으면 음식을 주문하기 매우 편하겠지요. 이러한 이유로 음식점 안내 번역건도 아주 많이 발생합니다. 아래의 번역을 보겠습니다.

[수정 전 번역문]

가와도코 요리 ~받으세요~ 전10품

도쿄의 상품으로 본격적인 【본격 교 회석】입니다. 요리장 스스로가 선발한 식재료를 느긋하게 즐겨 보십시오.
초여름~성하에는 『가와도코』 또는 『방』에서 맛볼 수 있습니다. 엄선된 제철 소재에 전통을 지키는 요리인의 업, 그리고 일본 여관의 원점이라고 할 수 있는 차분하고 진정된 "와"의 치유의 공간을 여기 『기후네 후지야』에서 준비하고 있습니다.

이 번역 또한 많은 오류를 조합한 번역문입니다. 어떠신가요. 이 음식점에 가고 싶은 생각이 드시나요? 음식점 번역은 관광 번역과 마찬가지로 '이곳에 가서 맛있는 음식을 즐기고 싶다'라는 생각이 들게 번역을 하는 것이 요점입니다. 저는 위 번역을 읽고 이 음식점에 가고 싶은 생각이 그다지 들지 않네요.
한 문장씩 살펴보겠습니다.

[수정한 번역문]

가와도코 요리 ~Take~ 10가지 음식

교토에서만 맛볼 수 있는 고급스럽고 본격적인 【본격 교토 가이세키】
입니다. 주방장이 직접 엄선한 식재료를 천천히, 느긋하게 즐겨보세요.
초여름부터 한여름까지는 '가와도코' 또는 '개별룸'에서 요리를 맛보
실 수 있습니다. 엄선된 제철 식재료와 전통을 지키는 요리인의 정신
을 느껴보세요. 일본 료칸의 원점이라고도 할 수 있는 차분하고 진정
된 '와(和)'의 힐링 공간을 이곳 '기부네 후지야'에서 준비하였습니다.

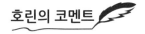
호린의 코멘트

'川床'는 가와도코라고 읽습니다. 가와유카라고 읽는 거 아니냐고 물어보실 수도 있겠지만, 오사카 기타하마에서는 '가와유카', 교토의 기부네에서는 '가와도코'라고 읽는다고 합니다.

이런 걸 어떻게 알아내냐고요? 검색을 해보시면 압니다. 한국 포털 사이트 말고 일본 포털 사이트에서 일본어로 검색해야 합니다. '카와도코'라고 쓰시는 것 또한 고려해 봐야 할 문제입니다.

애니메이션이나 만화 번역에서는 캐릭터 이름 등 때문에 외래어 표기법을 무시하는 예도 있으나, 관광 번역을 할 때는 외래어 표기법을 준수하는 경우가 많습니다. 물론 클라이언트가 '우리는 외래어 표기법을 준수하지 않기로 했다'라고 나온다면 클라이언트 말에 따라야 하나, 번역가라면 기본적인 외래어 표기법 정도는 잘 알고 있어야 한다고 생각합니다.

참고로 일본어의 외래어 표기법은 '국립국어원 외래어표기법' (http://www.korean.go.kr/front/page/pageView.do?page_id=P000108&mn_id=97)에서 참고하실 수 있습니다.

다음 문장을 살펴보겠습니다.

참 안타깝게도, 많은 분이 '京都'를 도쿄라고 쓰시는 경우가 많았습니다. 그들이 京都가 교토인 걸 몰라서 그랬을까요? 아니요, 사람이기 때문에 실수했다고 생각합니다.

하지만 관광 번역에서 지역명을 틀리는 건 매우 심각한 문제이므로 주의, 또 주의해야 합니다. 지역명을 틀리면 아마 샘플테스트에서 검수자가 그다음 문장을 보지도 않고 심사에서 떨어트릴 수도 있습니다.

'上品'을 사전에서 검색해보면 '고상함, 품위가 있음'이라는 뜻이 나옵니다. 홈페이지를 검색해 보면 알 수 있듯이, 고급 일식 요리를 제공하는 음식점입니다. 그러니 '품위 있는', '고급스러운'이라고 번역하셔도 좋습니다.

'本格京会席'에서 '会席'를 회석이라고 쓰신 분들이 종종 계셨습니다. 회석이 틀리지는 않으나, '会席料理'는 한국에서도 '가이세키 요리'라고 종종 불리며, 고유명사화가 되고 있습니다.

또한, 일본 현지에서 이 안내문을 본다고 생각할 때, 일본인에게 '회석 요리'라고 말하기보다는 '가이세키 요리'라고 말해야 의미가 통할 테니 저는 '가이세키'라고 쓰는 것을 추천합니다.

'料理長'를 '요리장'이라고 그대로 번역해도 틀린 것은 아니지만 우리나라에서 '요리장'이라는 말을 일반적으로 쓰는지 한 번 생각해 보아야 합니다. '주방장' 또는 '요리사'로 써도 괜찮지 않을까요?

'自ら'는 '스스로'라는 뜻입니다. 주방장이 스스로 재료를 골랐다는 말이니, '직접'으로 번역될 수 있습니다.

'選び抜いた'는 사전에서 검색하면 '선발하다, 가려내다, 골라내다, 추려내다, 엄선하다'라는 뜻입니다. 이 중에 '재료'와 조합했을 때 제일 잘 어울리는 말이 무엇일까요? 그리고 손님이 고급스럽다고 느낄 수 있을 만한 표현에는 무엇이 있을까요? '골라내다'는 너무 구어적인 표현이며, 정성이 들어가 있지 않은 느낌입니다. '엄선하다' 정도가 어떨까요?

자, 이 짧은 두 문장 속에서도 우리가 신경 써야 할 내용이 참 많습니다. 몇 년 동안 번역만 한 사람이라면 몰라도, 번역이 처음인 분들은 당연히 어려워할 수밖에 없습니다.

어떤 분들은 이 두 문장도 제대로 못 하는데 자신이 번역을 할 수 있겠냐고 슬퍼하거나 실망할지도 모릅니다. 하지만 너무 기죽지 말길 바랍니다. 누구나 처음은 있는 거고, 하다 보면 익숙해질 테니까요. 처음부터 잘하는 사람은 아무도 없습니다.

산업 번역 실전 스터디

관광번역 네 번째(맛집)

- 고급 일식 요리점 스이카노쇼 -

맛집 번역을 한 번 더 보겠습니다.

원문

『水花の庄』露天風呂付客室スタンダード１泊２食付きプランです。

・・・水の音おすすめポイント・・・
【湯三昧】箱根７湯の内の２種類の源泉を楽しめる２ヵ所の大浴場を完備。
【選べる夕食】厳選された食材を使用した、趣の異なる２種類の料理からお好みの物をお選び頂けます

《 お食事 》
～ご夕食～
２種類のメニュー

チェックイン時、趣の異なる２種類からグループ毎に選択。
◇足柄遊膳◇旬の食材をふんだんに使用した、色彩豊かな和食会

席料理です。

◇炙り焼き◇メインのお肉や旬の野菜をご自身で焼いてお召し上がりいただけます。

※夕食時間は2部制(1部＝17：30〜/2部＝20：00〜)

※メニュー・お時間共に、チェックイン時/先着順の受付となります(事前のご予約は承っておりません)

〜ご朝食〜

和食膳をご用意しております。

≪温泉≫

小涌谷温泉・宮ノ下温泉の2種類の源泉ををご用意。

〜大浴場〜

露天風呂付大浴場を2ヵ所ご用意　※どちらもご利用いただけます。

それぞれ、男女別でご用意。朝晩の入れ替え制になっております。

■水花の庄：小涌谷温泉
■水月の庄：宮ノ下温泉

〜貸切風呂〜

全部で3個所、無料でご利用いただけます。

※予約制ではございません。空いている際にご利用いただけます。

[수정 전 번역문]

『스이카노쇼』노천목욕탕이 딸린 객실 스탠다드 1박 2끼 포함 플랜입니다.

···미즈노오토 추천 포인트···
【탕 잔마이】하코네 7탕 중 2종류의 온천을 즐길 수 있는 두 곳의 대욕장을 완비.
【선택하는 저녁 식사】엄선된 식재를 사용한 흥취가 다른 2종류의 요리부터 좋아하는 것을 고를 수 있습니다.

≪식사≫
~저녁 식사~

2종류 메뉴
체크인 시, 다른 느낌의 요리 두 종류부터 그룹마다 선택.

◇ 아시가라유젠 ◇ 제철 식재료를 잔뜩 사용한 색채 풍부한 와식 회석 요리입니다.
◇ 아부리야끼 ◇ 메인 요리인 고기와 제철 채소를 스스로 구워 드실 수 있습니다

※저녁 식사 시간은 2부제(1부=17:30~/2부=20:00~)
※메뉴, 시간 모두, 체크인 시/선착순으로 접수됩니다. (사전 예약은
받고 있지 않습니다)

~아침 식사~
일식선을 준비하고 있습니다.

≪온천≫
고와쿠다니 온천, 미야노시타 온천의 두 종류의 온천을 준비.

~대욕탕~
노천 욕탕이 포함 대욕장 두 곳이 준비. ※어느 쪽이든 이용하실 수 있
습니다.
각 욕탕은 남녀별로 준비. 아침저녁 교체제입니다.

■스이카노쇼 : 고와쿠다니 온천
■스이게쓰노쇼 : 미야노시타 온천

~대절 욕탕~
전부 3개소, 무료로 이용하실 수 있습니다.
※예약제가 아닙니다. 비어있을 때 이용하실 수 있습니다.

[수정한 번역문]

'스이카노쇼' 두 번의 식사가 포함된 노천욕탕이 있는 스탠다드 객실 1 박 플랜입니다.

…미즈노토 추천 포인트…

【온천 삼매경】하코네 일곱 탕 중에 두 가지 온천을 즐기실 수 있는 두 곳의 대욕탕이 완비되어 있습니다.

【선택 가능한 저녁 식사】엄선된 식재료를 사용한 느낌이 다른 두 종류 의 요리 중에서 원하시는 메뉴를 선택하실 수 있습니다.

≪식사≫

~저녁 식사~
메뉴 2종
체크인 시, 느낌이 다른 요리 두 가지를 그룹별로 선택할 수 있습니다.

◇ 아시가라유젠 ◇ 제철 식재료를 듬뿍 사용한 다채로운 일본식 가이 세키 요리를 즐겨보세요.
◇ 아부리야끼 ◇ 메인 요리인 고기와 제철 채소를 직접 구워 드실 수 있습니다

※저녁 식사 시간은 2부제(1부=17:30~/2부=20:00~)

※메뉴, 시간 모두 체크인 시/선착순으로 접수 받고 있습니다.
(사전 예약은 받고 있지 않습니다)

~아침 식사~
와쇼쿠젠(일식 상차림)을 준비해 드립니다.

≪온천≫
고와쿠다니 온천, 미야노시타 온천 두 종류의 온천을 즐겨보세요.

~대욕탕~
노천 욕탕이 포함된 대욕탕 두 곳이 마련되어 있습니다. ※둘 다 이용
하실 수 있습니다.
각 욕탕은 남녀별로 나뉘어 있으며, 아침저녁으로 탕이 교체됩니다.

■스이카노쇼 : 고와쿠다니 온천
■스이게쓰노쇼 : 미야노시타 온천

~대절 욕탕~
총 3곳을 무료로 이용하실 수 있습니다.
※예약제가 아니니 비어있을 때 이용하시면 됩니다.

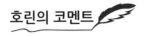
자, 이제 하나하나 살펴볼까요?

'스이카노쇼'는 음식점 이름이니 고유명사입니다. 그대로 써주는 것이 좋습니다.

'노천탕이 딸린'의 '딸린'은 고급스럽지 않습니다. '포함된'이라는 정중한 말을 사용해 줍시다.

'2끼'라는 말도 왠지 고급스러움과는 거리가 멀어 보입니다.

'식사'라는 정중한 말로, 이곳에 묵으면 '끼니를 해결하는 것'이 아닌 '고급스러운 식사를 할 수 있다'라는 이미지를 만들어줍시다.

'미즈노오토'가 아닌 '미즈노토'입니다. 언뜻 보기엔 音를 '오토'라고 발음하실 수 있습니다. 하지만 알고 있는 발음이더라도 혹시 모르니 한 번 더 구글에서 검색해보는 정교함이 필요합니다.

'잔마이'는 '삼매경'으로 풀어써 줍시다. '대욕장'이라는 말보다는 '욕탕'이라고 설명해야 더 알기 쉽겠죠?

원문 문장이 '완비.'라고 명사로 끝났는데 여기서도 명사로 문장이 끝나게 그냥 두어서는 안 됩니다. '완비되어 있습니다.'로 완전한 문장을 써서 잘 마무리해줍시다.

'お好みの物'라는 말이 나오는데 여기서 物는 물건이 아닌 '음식, 요리, 식사'를 의미합니다. '원하시는 메뉴' 정도로 의역할 수 있겠죠. '고르다'라는 동사가 아닌 '선택하다'라는 동사로 정중함을 나타냈습니다.

'다른 느낌'은 '느낌이 다른'으로 바꾸어 주었습니다. '다른 느낌'은 명사형이고 '느낌이 다른'은 동사형이라서 조금 더 익숙하게 느껴집니다. 한국어는 동사가 중심인 언어이기 때문입니다.

'寒がり'라는 말을 생각해 보면 와닿을지도 모릅니다.

'寒がり'라는 명사는 '추위를 타는 사람, 추위를 탐'을 가리킵니다. 일본어로는 명사형이지만 우리말로 풀어낼 땐 동사형이 되지요.

'아시가라유젠'은 구글 검색을 통해 일본어 발음을 확인할 수 있습니다. '아시가라유젠'에 관해 설명해 주기 위해 해설을 넣어주어도 좋습니다. '아시가라유젠'이 무엇인지는, 해당 음식점의 이미지 사진을 보면 파악하실 수 있습니다.

'제철 식재료를 듬뿍 사용한 다채로운 일본식 가이세키 요리를 즐겨보세요'라는 문장에서는 '사용하여', '즐겨보세요'를 추가로 넣었습니다. '사용하여'라고 한 이유는 '~하여'는 이유를 나타내므로 제철 식재료를 듬뿍 사용해서 요리가 다채롭다고 설득하기 위한 것입니다.

또한 '즐겨보세요' 등 혜택을 암시하는 동사를 넣어주면 읽는 사람이 가이세키 요리를 먹는 자신을 상상해 볼 수 있습니다.

밑의 '고와쿠다니 온천, 미야노시타 온천 두 종류의 온천을 즐겨보세요'에서도 마찬가지입니다.

원문이 그렇지 않더라도, 읽는 사람이 참여하는 동사를 적절하게 쓰면 생생함을 살릴 수 있습니다.

산업 번역 실전 스터디

관광번역 직접 해보기

- 여름에 꼭 가봐야 할 일본의 아름다운 해변 10선 -

자, 이제 여러분이 직접 해보실 차례입니다. 원문을 보여드릴 테니, 스스로 번역해 보신 뒤 제가 생각하는 잘 된 번역문과 비교해 보시길 바랍니다.

원문

【2018年版】夏に行くべき!日本の美しいビーチ10選
海に囲まれた日本には、多数のビーチがあります。青い海と白い砂浜、緑の松の対比が美しいスポットや、透明度抜群の海がきらめく離島など、その景観は多種多様。今回はなかでもおすすめのビーチ10選をご紹介。

1. 浄土ヶ浜(岩手県)
岩手県・宮古の代表的な景勝地。三陸復興国立公園・三陸ジオパークの中心に位置する海岸で、鋭くとがった白い流紋岩が林立しています。これらは5,200万年前にマグマの働きによってできた火山岩。マグマが流れた模様や、急に冷やされたときにできた板状の割れ目などを観察することができます。白い岩肌と緑の松、群青の海の対比の美しさも魅力。夏はとくに海の透明度が高く、波

も穏やかなので、たくさんの海水浴客が訪れます。周辺には、遊覧船を運航する施設や、食事ができるレストハウス、展望台などの設備も整備されています。

2. 泊海水浴場(東京都・式根島)

東京から約160km南に浮かぶ式根島。港から歩いて5分の場所にある「泊海水浴場」は、島を代表する絶景が楽しめるスポット。透明感のある海とその青さを引き立てる白い砂浜を、ぐるりと岩が囲む入り江になっています。外海の影響を受けにくいため波は穏やかで、小さな子どもでも安心して遊ぶことができます。売店、更衣室、シャワー、トイレなどの設備あり。東京からは高速船で約3時間、大型船なら10時間ほどでアクセスできます。

3. ヒリゾ浜(静岡県)

静岡県・南伊豆の最南端にある海岸。切り立った崖に覆われているため道がなく、渡り船(運航期間:7月中旬〜9月中旬)でしか行くことができないスポットです。今なお手つかずの自然が残っており、南伊豆の秘境ともいわれています。海は深さ7mの海底まで透けて見えるほどの透明度。海水浴のほか、ダイビングやシュノーケリング、磯遊びなどでも人気です。海岸には、トイレやシャワーなどの設備はなし。美しい自然を守るため、ゴミも必ず持ち帰るようにしてくださいね。

4. 千里浜なぎさドライブウェイ(石川県)

石川県の西岸、羽咋市千里浜町から羽咋郡宝達志水町にまたがる

全長8kmの「千里浜なぎさドライブウェイ」は、日本で唯一砂浜を車で走ることができるスポット。世界でも3箇所しかない、非常に珍しい海岸なんですよ。砂の粒子が細かく、海水を含むと固く締まるため、ノーマルタイヤでも走行が可能。波打ち際に車をとめて、水遊びやBBQをすることもできます。人気のない静かな風景が広がる夜明け前や、水平線に沈む夕日が楽しめる日没時に訪れても素敵な景色が堪能できますよ。

5. 水晶浜(福井県)

日本海に面した福井県美浜町にある海水浴場。エメラルドグリーンから濃い青へと変化する海は、その名の通り、まるで水晶のような透明度の高さが特徴。粒子の細かい砂浜は真っ白で、海の青とのコントラストも印象的。海水浴客のほか、早朝からウィンドサーフィンなどのマリンスポーツを楽しむ人々も多数訪れます。あたり一面をオレンジ色に染める夕暮れ時の景色も人気です。シャワー、トイレ、更衣室、休憩所あり。付近には宿泊施設もたくさんあります。

出처 : https://wow-j.com/jp/Allguides/other/sightseeing/01796_jp/

[번역문]

【2018년 판】여름에 꼭 가봐야 할 일본의 아름다운 해변 10선

일본은 바다로 둘러싸여 있어 해변이 많습니다. 해변에는 푸른 바다와 하얀 백사장, 초록빛 소나무의 대비가 아름다우며, 한적한 섬의 바다는 맑고 투명하게 빛납니다. 이외에도 다양한 경관이 기다리고 있습니다. 이번에는 그중에서 해변 10선을 소개해 드리겠습니다.

1. 조도가하마(이와테 현)

이와테 현 미야코를 대표할 만큼 경치가 멋진 곳입니다. 산리쿠 부흥 국립공원, 산리쿠 지오파크를 중심으로 자리한 해안으로, 날카롭고 뾰족하며 하얀 유문암이 늘어서 있습니다. 5,200만 년 전에 마그마 작용으로 형성된 화산암입니다. 마그마가 흘러내린 모습과 급하게 식으며 형성된 널빤지 모양의 균열을 관찰하실 수 있습니다. 하얀 바위 표면과 녹색 소나무, 군청색 바다가 대비를 이루는 아름다움도 매력 넘칩니다. 여름에는 특히 바다가 더욱 맑고 투명하며, 파도도 잔잔하여 많은 사람이 해수욕을 즐기러 찾아옵니다. 근처에 유람선 운항 시설이 있으니 유람을 즐겨보세요. 휴게소에서 맛있게 식사한 뒤 전망대로 올라가 경치를 감상해 보세요.

2. 도마리 해수욕장(도쿄도, 시키네섬)

시키네섬은 도쿄에서 약 160km 남쪽에 자리한 한적한 섬입니다. 항구에서 걸어서 5분이면 만날 수 있는 '도마리 해수욕장'에서는 섬을 대표하는 절경을 즐길 수 있습니다. 바다가 투명할 정도로 맑고 하얀 백사장이 그 푸르름을 돋보이게 해 줍니다. 후미는 바위로 빙 둘러싸여 있습니다. 외해의 영향이 미치지 못해 파도가 잔잔하여 어린아이들도 안심하고 놀 수 있습니다. 매점, 탈의실, 샤워장, 화장실 등의 시설도 갖추어져 있어 편리합니다. 도쿄에서 고속선으로 약 3시간 정도 걸리며, 대형선으로 10시간 정도 걸려 도착할 수 있습니다.

3. 히리조하마(시즈오카 현)

시즈오카 현 미나미이즈의 최남단에 자리한 해안입니다. 깎아지른 듯이 솟은 벼랑으로 둘러싸여 있어 육로로 갈 수는 없고, 7월 중순에서 9월 중순 사이에만 운항하는 나룻배를 타고서만 갈 수 있는 명소입니다. 사람의 손길이 닿지 않은 자연이 그대로 남아있어 미나미이즈의 비경이라고도 알려져 있습니다. 바다는 깊이 7m 바닷속까지 비칠 정도로 맑고 깨끗합니다. 해수욕뿐만 아니라 다이빙이나 스노클링을 즐길 수도 있고, 게나 조개를 잡으며 놀 수 있는 장소로도 인기가 있습니다. 해안에는 화장실과 샤워실 등의 시설이 없습니다. 아름다운 자연을 보호하기 위해 쓰레기는 반드시 가지고 돌아가 주시길 바랍니다.

4. 지리하마 나기사 드라이브웨이(이시카와 현)

'지리하마 나기사 드라이브 웨이'는 이시카와 현의 서해안인 하쿠이 시 지리하마 마치에서 하쿠이 군 호다쓰시미즈 초까지 이어져 있으며, 총 길이는 8km입니다. 일본에서 유일하게 모래밭을 차로 달릴 수 있는 명소이며, 전 세계에서도 3곳밖에 없는 매우 보기 드문 해안입니다. 모래 알갱이가 작아 바닷물을 머금으면 단단해져서 보통 타이어로도 주행하실 수 있습니다. 파도가 칠 때는 차를 멈추고 물놀이나 바비큐를 즐기실 수도 있습니다. 일출에는 인기척이 없는 조용한 풍경이 펼쳐지며, 일몰에는 수평선으로 가라앉는 노을이 깔려 언제 방문해도 멋진 경치를 즐기실 수 있습니다.

5. 스이쇼하마(후쿠이 현)

동해에 접해있는 후쿠이 현 미하마 초에 있는 해수욕장입니다. 에메랄드 그린에서 짙은 푸른빛으로 변화하는 바다는 마치 수정처럼 투명합니다. 그 모습을 그대로 따와 일본어로 수정이라는 뜻의 '스이쇼'라는 이름이 붙었습니다. 알갱이가 작은 새하얀 모래밭과 푸른 바다가 이루는 콘트라스트도 인상적입니다. 해수욕을 즐기러 방문하는 사람도 많지만, 이른 아침부터 윈드서핑 등 해양 스포츠를 즐기는 사람들도 많이 찾아옵니다. 일대를 오렌지빛으로 물들이는 석양 경치도 인기입니다. 샤워, 화장실, 탈의실, 휴게소도 있으며 근처에는 숙박 시설도 많이 있습니다.

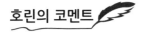

번역하실 때 느끼셨듯이 색채를 나타내는 말이 풍부한 글입니다. 어떻게 하면 이 색채들과 함께 문장 속 광경을 머릿속에 떠올리게 만들 수 있을지 생각해 보세요. 형용사와 동사를 부드럽게 잘 활용하는 것이 중요합니다.

첫 번째 문단의 スポット(스폿)에 대해 이야기해 보겠습니다. 분명 원문에는 '美しいスポット'(아름다운 스폿)이라는 명사형인데, 번역문에서는 '~아름다우며'라고 진행해 주었습니다. '스폿'이 없어졌지요?

'스폿'을 문장 맨 앞의 '해변에는'으로 바꾸어 주었습니다.

'스폿'이 '해변' 안에 포함되는 부분이라고 생각했기 때문입니다. 그리고 이 글은 '해변'을 소개하는 글이기 때문에 해변의 모습을 생생하게 떠올릴 수 있게 바꿔주는 편이 나을 거라고 판단하여 이렇게 문장을 바꾸었습니다.

물론 '스폿'을 그대로 써도 좋으며, 같은 뜻의 다른 말로 바꾸어도 의미만 잘 전달이 되면 괜찮다고 생각합니다. 번역가의 생각에 따라 다를 수 있겠지만요.

두 번째 조도가하마 문단의 마지막 문장도 한 번 살펴볼까요? 원문은

周辺には、遊覧船を運航する施設や、食事ができるレストハウス、展望台などの設備も整備されています。

입니다. 이 문장은 평범하게 번역하면 '주변에는 유람선을 운항하는 시설 및 식사를 할 수 있는 휴게소, 전망대 등의 설비도 정비되어 있습니다.'가 되겠지요.

하지만 글을 읽는 독자가 마치 이 시설을 즐기는듯한 상상을 할 수 있도록 동사를 사용해 유람을 '즐겨보고', 휴게소에서 '식사를 한 뒤', 전망대로 올라가 경치를 '감상해' 보라고 제안하듯 글을 썼습니다. 시간의 흐름도 신경을 쓴 문장입니다.

세 번째 히리조하마 문단에서도 마찬가지입니다.

'磯遊びなどでも人気です'라는 문장이 등장하는데, '磯遊び'란 해변놀이를 의미합니다. 이 명사를 '게나 조개를 잡으며 놀 수 있는'으로 풀어주었습니다. 자, 어떤 식으로 문장을 풀이했는지 아시겠지요?

나머지 문장들도 이러한 점들을 신경 써서 번역하였으니 참고해 주시길 바랍니다.

산업 번역 실전 스터디

게임 번역

앞서 말씀드렸다시피 게임 번역도 관광 번역과 마찬가지로 '고객 님'께서 '즐기시는' 콘텐츠입니다. 그저 의미전달만 하기보다는 고객이 게임을 하는데 실질적인 도움이 될 수 있도록 번역해야만 합니다. 원활한 게임 플레이에 도움이 될 수 있는 번역을 하려면 뭐가 제일 중요할까요?

맞습니다. 평소에 게임을 많이 해보고 게임 속에서 어떤 뉘앙 스의 말이 실제로 쓰이는지 잘 알고 있어야 합니다. 만약 자신이 게임에 대한 문외한이라면, 게임 번역을 하지 않는 편이 좋다고 생각합니다.

게임을 잘 모르면 게임 내 'ヒール'이라는 단어를 '뒤꿈치'라고 번역할 수 있으니까요. 'ヒール'은 캐릭터의 HP Hit point를 회복 시키는 회복 마법의 한 종류로, 보통 '힐'이라고 부릅니다.

그럼, 실제 게임 번역 예제를 살펴보도록 하겠습니다.

원문

〈size=50〉〈color=#FF5252FF〉!!!今日だけ!!〈/color〉〈/size〉

デッキを彩る〈size=50〉〈color=#76F9FFFF〉化け物たち〈/color〉〈/size〉の出現確率が〈size=60〉〈color=#FF8300FF〉2〈/color〉〈/size〉

倍！！

ユキちゃんダメージ+[p1]%

[번역문]

〈size=50〉〈color=#FF5252FF〉!!!오늘 한정!!〈/color〉〈/size〉

덱을 장식하는〈size=50〉〈color=#76F9FFFF〉도깨비들〈/color〉〈/size〉의 출현 확률이〈size=60〉〈color=#FF8300FF〉2〈/color〉〈/size〉

배!!

유키짱 데미지+[p1]%

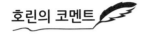
호린의 코멘트

아니, 저 size는 뭐고 color는 뭘까요? 왜 문장들 사이사이에 저런 것이 들어있을까요?

충분히 혼란스러우실 수 있습니다. 저 기호들은 '태그'라고 부릅니다. 글자의 사이즈나 컬러를 설정하는 코드라고 볼 수 있습니다.

이런 태그들을 알아두면 최종적으로 번역물이 어떤 식으로 출력될지 짐작할 수 있어서 편합니다. 태그에 관해 잘 모르더라도, 적어도 어떤 문장을 수정해야 하고 어떤 문장은 건드려서는 안 되는지 정도는 반드시 파악할 수 있어야 합니다.

잘못해서 태그를 건드리면 시스템적으로 문제가 생겨 클라이언트가 곤란해질 수 있기 때문입니다.

저는 운 좋게도 게임 회사에서 게임 운영자로 일한 경험이 있어서 이런 태그들에 익숙한 편이었습니다. 물론, 태그 없이 텍스트만 깔끔하게 주는 클라이언트도 있습니다. 그럴 땐 조금 더 작업하기가 수월하겠지요.

하지만 실제로 작업을 하기 전에 텍스트가 어떻게 되어있는

지 모르니, 만일을 대비해서 간단한 태그들은 미리 알아두는 편이 좋습니다.

조금 더 살펴보겠습니다. 'デッキを彩る'라는 단어가 나옵니다. 'デッキ'가 뭘까요? 이 텍스트를 번역 컨설팅 서비스를 받는 분들께 과제로 냈더니 몇몇 분이 デッキ를 '갑판'으로 번역했습니다. 네, 사전을 검색해 보면 '배의 갑판'이라는 뜻이 나옵니다. 아마 어떤 분들은 이 게임에 배가 등장한다고 생각했을지 모르겠습니다. 배가 등장하는 게임이면 갑판일 수도 있겠지요.

하지만 여기서 デッキ는 카드의 모음, 카드의 한 묶음을 나타내는 용어입니다. 번역할 때는 그대로 '덱'이라고 번역합니다.

ダメージ도 마찬가지입니다. '손상'으로 번역하면 안 됩니다! '데미지'로 번역하는 것이 일반적입니다.

'！！' 같은 일본어 느낌표도 반드시 '!!'로 바꾸어 주는 센스를 발휘해 줍시다.

자, 이제 게임 번역이 어떤지 대충 감이 오시나요?

퀴즈 게임을 많이 해봤다고 해서 섣불리 한 번도 해본 적 없는 장르의 게임 번역에 도전하면 위험합니다. 퀴즈 게임에는 '덱'이 안 나오는 경우가 많으니까요.

자신이 즐긴 경험이 있는 장르의 게임 번역에 도전해야 큰 실수 없이 일을 잘 수행할 수 있다고 생각합니다.

다음에는 번역회사 샘플테스트에서도 많이 나오는 IT 분야 번역에 대해서 살펴보겠습니다.

산업 번역 실전 스터디

IT 번역

원문

제목: 長時間操作しても疲れにくいワイヤレスブルーLEDマウス

본문 : サンワサプライは7月31日、長時間操作しても疲れにくいワイヤレスマウス「MA-BTBL120シリーズ」と「MA-WBL119シリーズ」を8月上旬に発売すると発表した。

手のひらをマウスに密着させて持つ「かぶせ持ち」がしやすく、長時間使用しても疲れにくいエルゴノミクス形状を採用。エルゴエッジ構造により、マウスを動かす際に指が机に触れることなくスムーズに操作ができるという。

赤色光学式センサーよりも感度が高いブルーLEDセンサーを使用。光沢のあるデスクでもマウスパッドなしでスムーズに操作できるという。

MA-BTBL120シリーズはBluetooth　3.0に対応しており、最大半径約10mでのデータ通信が可能。レシーバーが不要なので、USBポートが少ないノートパソコンにオススメとしている。ま

た、Windows・Macだけでなく、Androidスマートフォンやタブレットとも接続可能。用途に応じて、マウスのカーソルスピードを800・1200・1600・2400カウントに切り替えられる。価格は3564円。

＊＊

출처 : https://weekly.ascii.jp/elem/000/000/417/417633/

[번역문]

제목 : 장시간 사용해도 피로감이 적은 무선 블루 LED 마우스

본문 : 산와 서플라이는 7월 31일, 장시간 사용해도 피로감이 적은 무선 마우스 'MA-BTBL 120 시리즈'와 'MA-WBL 119 시리즈'를 8월 초순에 발매한다고 발표하였다.

손바닥을 마우스에 밀착시켜 잡는 '팜 그립'이 쉬우며 장시간 사용해도 피로감이 적은 에르고노믹스 디자인을 채택하였다. 에르고엣지 구조로 마우스를 움직일 때 손가락이 책상에 닿지 않고 원활하게 조작할 수 있다.

적색광학식 센서보다도 감도가 높은 블루 LED 센서를 채택하였으며, 광택 있는 표면에서도 마우스패드 없이 원활하게 조작할 수 있다.

MA-BTBL 120 시리즈는 Bluetooth 3.0을 지원하며 최대 반경 약 10m의 데이터 통신이 가능하다. 리시버가 필요하지 않아 USB 포트가 적은 노트북에도 추천한다. Windows, Mac, Android 스마트폰, 태블릿에도 접속 가능하다. 용도에 따라 마우스 커서 스피드를 800, 1200, 1600, 2400 카운트로 전환할 수 있다. 가격은 3564엔이다.

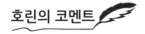

IT 기사라고 해서 번역 방법이 달라지는 것은 아닙니다.

'기사'라는 특징에 초점을 맞추고 자연스럽게, 누구나 이해할 수 있을 만한 글로 번역하는 것이 핵심입니다.

어떤 번역이든 그러하지만, IT 기사에서도 '고유명사 조사하기' 과정이 빠질 수 없습니다. '산와 서플라이', '에르고노믹스' 등의 단어를 꼼꼼하게 찾아봅시다.

저는 '長時間操作'이라는 말을 '장시간 사용'이라고 바꾸어 주었습니다. '조작'이라고 해도 절대로 틀린 것은 아닙니다.

하지만 저는 '사용'이 좀 더 친숙한 단어라고 생각해서 바꾸어 주었습니다.

'かぶせ持ち'는 대응하는 우리말을 잘 찾을 수 없었습니다.

우리말에는 없더라도 'かぶせ持ち'에 해당하는 영어는 있을 거라는 생각이 들어, 영어를 검색해 보았더니 '팜 그립'이 나왔습니다. 우리나라에서도 그대로 '팜 그립'으로 쓰이는 것을 확인한 후, '팜 그립'이라고 바꾸어 써주었습니다.

'팜 그립'이 무엇인지 모르는 분들도 원문에 '손바닥을 마우스에 밀착시켜 잡는'이라는 설명이 있으므로 잘 알 수 있을 거로 생각했습니다.

가격은 3564'엔'으로, 원화로 바꾸어주지 않고 '엔'을 써주었습니다. 그 이유는 환율이 날마다 바뀌기 때문입니다.

산업 번역 실전 스터디
IT 번역 직접 해보기

다음으로 IT 관련 기사를 더 살펴보겠습니다. 이번에는 직접 연습해보고 잘 된 번역과 비교하고 확인해 보세요. 여러분의 번역 실력 향상에 도움이 되길 바랍니다.

원문

제목 :
発熱したスマホは保冷剤で冷やすと壊れる？　ドコモ、KDDI、ソフトバンクの回答

본문 :
これほど「暑い」と連呼している夏はないと思う今日この頃。特に7月中旬から下旬にかけて、猛暑といえる日々が続き、都内でも場所によっては40度前後の気温を記録した。台風12号の影響で少しだけ暑さが和らいだが、台風が過ぎ去ってからは再び猛暑になるといわれている。

夏でも屋外でスマートフォン（携帯電話）を使う機会は多いが、どんなことに気を付ければいいのか？　ドコモ、KDDI、ソフトバンクの3社に確認した。

極端な高温環境ではスマホを使わない

まず、閉めきった車内や直射日光が当たる場所など、極端に高温の環境でスマホを使用すると、故障や事故の原因となる場合があるので注意したい。「推奨気温は5〜35度としている」（KDDI）ので、これを目安としたい。炎天下の車内や直射日光が当たる場所など、高温となる場所にスマホを置かないことも大事だ。

他に、「布でくるむなどの熱のこもりやすい状態にしない」「汗をかいた手で触れる等により汗が付着した場合は、小まめに拭き取る」「非防水端末の場合、シャツのポケットなどの湿度の高い場所に入れない」（ドコモ）との指摘も。

スマホが熱くなったらどうする？

気を付けていても、屋外でスマホを使って端末が熱くなってしまうことはある。そんなときはどうすればいいのか？

まず、低温やけど防止のため、高温となった端末には長時間触れないようにして、25度程度の涼しい場所に保管するのが望ましい。その上で、「使用していないアプリや機能は終了する」（ドコモ）あるいは「電源を切ってしばらくしてから再起動する」（KDDI、ソフトバンク）、そして「カメラ、ゲームアプリ、動画再生など温度が上昇しやすい機能の利用を控える」（ドコモ）といった対応がよい。

3社で共通している対応策が「充電はなるべく控える」こと。充電中に高温になったときは充電を中止し電源プラグを抜き、スマホの電源を切って、しばらく待って再起動するのがよい。

保冷剤は使ってもOK？

スマホが熱くなったら、小型の保冷剤で冷やすのはOK？　また、サードパーティーから販売されている、スマホ用の冷却シートはどうか。

3社とも、保冷剤や冷却シートは自社で扱っているものではないため、動作保証をしておらず、推奨しないというスタンスだ。

一方、冷却シートで「表面のみを冷却しても、基板（チップ）が冷却されなければパフォーマンスは変わらないと思われる」（ドコモ）が、冷凍保冷剤で急激に冷却すると、内部に結露が発生して故障の原因となる可能性があると3社は指摘している。また、ドコモは「氷点下など過度に冷却すると、端末にパフォーマンス低下などの悪影響を及ぼす可能性がある」とコメント。急激に冷却する保冷剤は使わない方が得策だ。

なお、冷凍するタイプではなく、流水で冷やしてリチャージする常温の保冷剤も販売されている。この保冷剤は32度の常温に保たれるので、冷凍タイプよりは安全といえる。使用は自己責任ではあるが、検討してもいいだろう。

출처 :

https://headlines.yahoo.co.jp/hl?a=20180730-00000049-zdn_m-sci

제목 : 뜨거운 스마트폰을 보냉제로 식히면 망가진다? 도코모, KDDI, 소프트뱅크의 답변

본문 :
아무리 여름이라 해도 이렇게나 더운 적은 없었다. 특히 7월 중순부터 하순까지 무더위가 이어졌다. 도쿄 도내에서도 40도 전후의 기온을 기록한 장소도 있다. 태풍 12호 덕택에 조금 더위가 수그러들겠지만, 태풍이 지나간 후에는 다시 무더위가 찾아올 것이라고 한다.

여름에도 실외에서 스마트폰(휴대전화)을 사용할 때가 많은데, 어떤 점을 주의하면 좋을까? 도코모, KDDI, 소프트뱅크 3사에 문의해 보았다.

극단적인 고온 환경에서는 스마트폰을 사용하지 말 것

먼저, 폐쇄된 자동차 안이나 직사광선이 내리쬐는 장소 등, 극단적인 고온 환경에서 스마트폰을 사용하면 고장이 나거나 사고가 발생할 수 있으므로 주의해야 한다. KDDI에 따르면 '권장 기온은 5~35도'라고 하니 이를 기준으로 삼자. 불볕더위의 자동차 안이나 직사광선이 내리쬐는 장소 등, 온도가 높은 장소에 스마트폰을 두지 않는 것도 중요하다.

이밖에도 도코모는 '천으로 감싸는 등 열이 발생하기 쉬운 상태로 만들지 말 것', '땀 흘린 손으로 만지거나 하여 땀이 스마트폰에 묻으면 수시

로 닦아낼 것', '방수가 안 되는 단말기는 셔츠 포켓처럼 온도가 높은 장소에 두지 말 것'이라는 지적도 하였다.

스마트폰이 뜨거워졌다면 어떻게 해야 할까?

아무리 주의해도 실외에서 스마트폰을 사용해 단말기가 뜨거워지는 경우가 있다. 그럴 때는 어떻게 하면 좋을까?

먼저, 저온 화상 방지를 위해 뜨거운 단말기를 장시간 만지지 말고, 25도 정도의 시원한 장소에 보관하는 것이 바람직하다. 그 뒤 '사용하지 않는 앱이나 기능을 종료하기'(도코모), '전원을 껐다가 잠시 후에 다시 전원을 켜기'(KDDI, 소프트뱅크), '카메라, 게임 앱, 동영상 재생 등 온도가 상승하기 쉬운 기능의 이용을 삼가기'(도코모)와 같은 대응을 하는 편이 좋다.

3사 모두 공통적으로 '충전은 되도록 삼가라'는 조언을 하였다. 충전 중에 뜨거워졌을 때는 충전을 중지하고 전원 플러그를 해제한 후, 스마트폰의 전원을 끈 뒤 잠시 기다렸다가 다시 전원을 켜야 한다.

보냉제를 사용해도 될까?

스마트폰이 뜨거워졌을 때, 소형 보냉제로 식혀도 좋을까? 또, 제3사가 판매하는 스마트폰용 냉각 시트는 어떨까.

3사 모두, 냉각제나 냉각 시트는 자사가 취급하는 상품이 아니어서 작동한다는 보증을 하지 않고, 권장하지도 않는다는 입장이다.

냉각 시트로 '표면만을 냉각시켜도 기판(칩)이 냉각되지 않으면 성능은 변하지 않을 것'(도코모)이라고 하며, 냉동 보냉제로 급격히 냉각하면 내부에 결로가 발생하여 고장이 발생할 수 있다고 3사는 지적하고 있다. 또한, 도코모에 따르면 '영하로 과도하게 냉각하면, 단말기의 성능이 저하되는 등 악영향이 발생할 수 있다'라고도 한다. 급격히 냉각되는 보냉제는 사용하지 않는 것이 상책이다.

또한, 냉동 타입이 아니라 흐르는 물로 식혀서 재충전하는 상온 보냉제도 판매되고 있다. 이 보냉제는 32도 상온으로 유지되므로 냉동 타입보다 안전하다고 한다. 사용하는 것은 자신의 책임이지만 검토해 보아도 좋을 것이다.

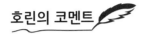
호린의 코멘트

글의 성질을 잘 이해하고 번역하는 것이 중요합니다.

  이 글은 IT 기사입니다. 평소에 IT 기사를 즐겨 읽지 않았다면 한국어 신문이나 인터넷 뉴스의 IT 기사를 찾아보고, 어떤 느낌과 말투인지 파악한 뒤 번역에 임하면 좋을 것입니다.

  '再起動する(재기동하기)'는 '다시 시작하기'로, 'パフォーマンス'(퍼포먼스)는 '성능'으로 바꾸었습니다. 영어로 표기된 단어를 한국어로 바꾸어도 좋으냐고 물으실 수 있는데, 영어 단어 표기를 유지해야 하는 확실한 이유가 있다면 유지하는 것이 좋지만, 글의 흐름상으로는 한국어로 바꿨을 때 더 이해하기 쉽다면 바꾸는 것이 좋다고 생각합니다.

PART 4

번역 공부법 자세히 알아보기

번역에 임하는
태도에 대하여

번역 공부법에 관해서 이야기하기 전에, 하나 말씀드리고 싶은 것이 있습니다.

저는 '외국어 공부'와 '번역 공부'가 다르다고 생각합니다.

전작인 『프리랜서 번역가 수업』에서 말씀드렸던 '사설 통째로 외우기'라는 방법은 엄밀히 말해선 '번역을 할 수 있을 만한 수준으로 외국어 실력을 끌어올리기 위한 공부법'에 가깝다고 생각합니다.

물론 사설을 번역함으로써 기초적인 번역 근육도 기를 수 있을 거라고는 생각합니다. 하지만 그건 어디까지나 '기초'입니다.

기초가 되어있지 않으면 번역은 할 수 없으니 기초도 중요하긴 합니다.

하지만 만약에 자신이 사설을 우리말로 무리 없이 번역 가능한 수준이라면, 그때부터는 '번역하는 뇌'를 기르기 위한 번역 공부를 시작해야 합니다.

'번역하는 뇌'는 제가 개인적으로 사용하는 용어입니다. 흔히 예술하는 사람들에게 '예술적인 감각이 있다'라고 하듯, 저는 번역하는 사람에게는 '번역하는 뇌가 있다'고 생각합니다.

이 '번역하는 뇌'는 외국어를 우리말로 바꾸는 훈련을 많이 하면 할수록 좋아지고, 학습과 경험을 통해 점점 성장시킬 수 있습니다. 물론 그 성장 속도나 도달하는 수준은 사람에 따라 제각각일 것입니다. 사람마다 '기본 레벨'이 다르기 때문입니다.

제가 여기서 의미하는 기본 레벨이란 평소 생활 속에서 독서나 글쓰기 활동 등을 통해 확립된 언어 능력과 감각을 말합니다. 이 기본 레벨은 하루아침에 높아질 수 없고 아주 오랫동안 꾸준히 노력해야 올라갈 수 있습니다. 기본 레벨이 높으면 당연히 번역 공부도 더 쉽습니다.

번역 공부를 시작할 때 기본 레벨은 바꿀 수 없습니다. 평소에 책을 잘 읽거나 글을 쓰지 않았는데, 번역가가 되겠다고 갑자기 일주일에 몇십 권씩 책을 읽는 일은 힘들 테니까요. 독서 벼락치기로는 한계가 있다고 생각합니다. 그렇다면 지금 당장 기본 레벨이 높지 않은 상황에서 번역가가 되려면 어떻게 해야 할까요?

학습 태도를 통해 번역가로 성장하는 속도를 높이면 됩니다. 번역의 학습 태도라? 무슨 의미인지 잘 몰라서 의아해하실 수도 있습니다.

번역을 공부하고, 직업으로 삼고 싶으시다고요? 그렇다면 제일 먼저 갖추어야 할 필수 조건이 있습니다.

'넓은 마음'이 필요합니다. 첨삭과 비판을 수용하고, 내 번역이 불완전함을 인정하는 태도입니다.

간혹 번역을 공부하는 사람 중에 고집이 세고 자기주장이 너무 강한 사람들이 있습니다. '내 번역은 나만의 예술이야'라고 생각하는 사람도 있고, '이거나 저거나 차이가 없는데 뭐가 다르다는 거야?'라고 첨삭을 받아들이지 못하는 사람도 있습니다.

이런 태도는 번역을 공부하는 데 그다지 발전적인 태도가 아닙니다.

제가 번역을 할 때 늘 마음속에 품고 있는 말이 있습니다.

그것은 바로 '클라이언트를 존중하자'입니다. 이 말은 '클라이언트를 항상 만족시키려 노력하자'라는 말이기도 합니다. 그러니 이 말을 마음에 두고 번역하다 보면 클라이언트에게 인정을 받을 수밖에 없습니다.

자신만의 번역 스타일을 내세우고 클라이언트에게 반박하는 태도는 제가 추구하는 '돈을 많이 버는 번역가'와는 어울리지 않습니다.

물론, 클라이언트가 잘못된 지적을 할 때도 있습니다. 그때는 예외이므로 잘못된 지적임을 정중하고 조심스럽게 클라이언트에게 이야기해야 합니다. 이럴 때를 제외하면 저는 최대한 클라이언트의 요구에 맞추는 편입니다.

이제 제가 어떤 태도로 번역에 임하는지 아셨겠지요.

지나치게 자신의 주장만을 내세우지 말고, 클라이언트를 존중하며, 자신의 불완전함을 인정하는 태도를 저는 좋아합니다.

누군가가 자신의 번역을 빨간 펜으로 찍찍 그으며 첨삭을 하면 절을 하며 감사해야 합니다. 실전에서 번역이 잘못되면 잘못되었다, 이렇다 저렇다 한마디 말도 없이 그냥 다신 일감을 주지 않습니다.

자신의 전문 분야를
탐색하자

이렇게 오픈 마인드의 태도를 충분히 갖추셨다면, 이제 본격적으로 번역 공부에 관해 이야기해 보겠습니다. 번역 공부는 앉아서 원문과 번역문을 펜으로 쓰거나 타이핑하면서 연습하면 충분할까요?

진짜 번역 공부를 하고 싶다면 먼저 자신이 번역하고 싶은 분야를 선정해 보세요. 번역에는 많은 분야가 있습니다.

산업 번역에도 관광, 게임, 화장품, 기계, 논문, 팸플릿, 홈페이지, 환경, 에너지 등 수많은 분야가 있고, 도서 분야도 에세이, 소설, 인문학 등 다양한 분야가 있습니다. 영상 분야도 다큐멘터리, 드라마, 쇼프로그램 등 종류가 많습니다.

물론 이 모든 분야를 다 특기로 삼으면 좋겠지만 자신이 전문으로 하고 싶은 번역 분야를 몇 개 골라봅시다.

앞서 언급했듯이, 만약 게임 번역을 하고 싶다면 먼저 게임을 잘 알아야 하고, 게임을 많이 해 본 경험이 있어야 합니다.

얼마나 많이 해야 하냐고요? 적어도 게임 하나를 꾸준히 3개월 이상은 해봐야 한다고 생각합니다. 최고 레벨과 근접한 정도의 레벨은 올려봐야 합니다. 게임을 하면서 게임 내 아이템이나 시스템 안내 메시지뿐만 아니라 공지사항이나 이벤트 안내 문구들도 유심히 살펴보는 편이 좋습니다.

관광 번역을 하고 싶다면 관광지에 가보거나 고급 호텔에 많이 투숙해 보는 것이 좋지만 그러기엔 금전적으로 힘들 수 있습니다. 그럴 때는 관광지 홈페이지나 호텔 홈페이지를 참고해 보세요. 각국 언어별로 홈페이지가 구성되어 있을 때는 영어와 일본어 표현이 한국어로 어떻게 번역되었는지 비교해 보면 번역 공부에 큰 도움이 됩니다.

자신의 번역문과 실제 쓰이고 있는 한국어 번역문을 비교해보세요. 호텔에 직접 가실 여건이 되면 팸플릿과 안내문들을 보면서 어떤 고급스러운 뉘앙스로 '머물고 싶은 호텔'을 표현하는지 살펴보고, 나라면 어떻게 번역할지 고민해 보셔도 좋습니다.

화장품 번역도 마찬가지입니다. 화장품을 많이 사보세요.

그리고 화장품 판매 사원이 어떤 말투로 '고객님'을 대하는지 공부해야 합니다. '라메르' 같은 고급 수입 화장품을 구매하면 작은 책자가 딸려오는 경우가 있는데, 그 책자에는 언어별 화장품 설명이 쓰여 있습니다. 원문이 영어인지 일본어인지는 브랜드에 따라서 다르겠지만, 적어도 한국어 설명이 어떤 뉘앙스로 번역되어 있는지는 확인해 볼 수 있습니다.

팸플릿과 화장품 안내서, 기계 설명서가 산업 번역가에게는 귀중한 자원이고 공부 자료가 됩니다. 우리가 그냥 스쳐 지나가는 지하철 안내문도 마찬가지입니다.

관광 번역을 할 때 일본 현지의 지하철 안내문을 참고하면 큰 도움이 됩니다. 산업 번역가가 꿈이라면, 우리 일상 속에 쓰이는 텍스트들을 조금만 더 눈여겨보십시오.

'번역 공부'를 하겠다며 소설책 원서를 읽거나 원서 한 권을 통째로 번역하는 공부방법을 선택하는 분들도 많습니다.

만약에 '나는 오로지 소설 번역만 하겠다!', '도서 번역만 하겠다'라는 생각이라면 괜찮은 선택이겠지요.

하지만 '분야, 장르 관계없이 다양한 번역을 경험하고 싶다, 도서 번역뿐 아니라 산업 번역도 하고 돈을 많이 벌고 싶다'라는 생각이라면 원서만 파고드는 번역 공부는 그다지 추천하지 않습니다.

소설 번역은 이미 고정 팬층까지 형성된 뛰어난 번역가분들이 많이 계십니다. 솔직히 말해 그 사이를 비집고 들어가기란 절대로 쉬운 일이 아닙니다.

저는 도서 번역 중에서도 건강서와 실용서, 에세이 등의 비소설 분야를 주로 번역합니다. 이러한 이유로 평소에 책을 읽을 때는 비소설 분야의 한국어책을 많이 읽습니다. 그리고 특정 분야의 책을 번역할 때는 쉬는 시간에도 그 분야의 책을 읽으려고 노력합니다.

에세이를 번역할 때는 한국 작가가 쓴 에세이를 읽으며 에세이 특유의 감성과 분위기를 파악하려고 노력하고, 과학서를 번역할 때는 비슷한 분위기의 과학서를 골라 읽어보며 번역문에 과학서의 느낌을 최대한 살리려고 노력합니다.

번역가에 대한 선입견

번역가에 대해서 어떻게 생각하시나요? 번역가라고 하면 어떤 이미지가 떠오르시나요?

교양있고 지적이며 예의 바르고 우아할 거라고 생각하시나요? SNS나 메신저에서 틀린 맞춤법이나 오타를 내는 일이 절대 없을 듯한 이미지인가요?

만약 번역가를 꿈꾸고 있는데 위와 같은 이미지만 갖고 섣불리 덤벼들다간 현실과의 괴리로 좌절하기 쉽습니다. 자신이 우아하고 지적이지 않다면 번역가가 되려고 하기도 전에 자신과는 맞지 않는다며 꿈을 포기해버릴 수도 있기 때문이지요.

그리고 선배나 동료 번역가를 만나게 되었을 때, 그 사람의 번역은 아직 보지도 않았으면서 '저 사람은 평소에 띄어쓰기도 안하고 메시지를 보내니, 분명 번역 실력이 형편없을 것이다'라고 속단하는 실수를 저지를 수도 있습니다.

최근에 검색하다가 어떤 블로그에 우연히 들어가게 되었는데, 그 블로거가 제가 아는 번역가의 블로그 글을 읽고 '번역가라면 우아하고 지적일 줄 알았는데, 상스럽고 비속어를 남발해서 쇼크를 받았다'라고 쓴 글을 읽게 되었습니다. 그래서 잠깐 쉬어가며 번역가의 이미지에 관해서 이야기해보고자 합니다.

사실 주변 사람들에게 종종 '번역가'에 대한 이미지를 물어보면, 위와 같은 대답하는 분들이 꽤 계십니다. 사실 저도 번역가가 되기 전까지는 비슷한 상상을 했습니다.

물론, 번역을 무척 사랑하고, 실제 위와 같은 이미지로 사는 번역가도 있으리라 생각합니다. 하지만 대부분의 제 주변 동료 번역가들은 저런 이미지와는 조금 거리가 있어 보입니다. 사실 저만 해도 그렇습니다. 전편이나 이 책에서 제 생활을 우아하게 묘사한 부분이 간혹 등장하는데, 당연히 늘 그렇게 우아한 생활을 하진 않습니다.

제 이야기를 해보겠습니다. 저에게 번역가라는 직업은, 생계유지 수단입니다. 돈을 위한 것이지요. 그러니 평소에 쓰는 메신저나 SNS에서 맞춤법과 띄어쓰기를 철저하게 지키지는 않습니다. 돈과 직접 관련된 일이 아니니까요. 그리고 맞춤법과 띄어쓰기를 철저하게 신경 써야만 하는 일을 하고 있으니, 사생활에서조차 신경을 곤두세우고 싶지 않습니다.

가족이나 친구들과 메신저를 할 때는 귀찮아서 오타를 내고도 그냥 전송하는 경우도 많으며, 어떨 때는 일부러 틀린 맞춤법을 사용하기도 합니다. 학생들이 사용하는 유행어들을 주워들으면 한동안 열심히 쓰기도 합니다. 가끔 비속어를 사용하기도 하네요. 아마 제 블로그를 보시면 조금 느끼실 수도 있겠습니다. 블로그 글은 그냥 아무렇게나 써재끼거든요.

번역가가 교양있고 지적일 거라는 선입견도 꽤 있지만, 앞서 말했듯이 저에게 번역가라는 직업은 생계유지 수단이므로 평소 생활이 다른 사람보다 교양있고 우아하며 지적일 이유가 없습니다. 구멍 난 양말에 마른 밥풀이 묻은 목이 늘어난 티셔츠, 호피 무늬 몸뻬 바지를 입고 번역을 해도 아무런 문제가 없으니까요.

전편에서 제가 일을 할 때 클래식을 들으며 작업하면 일이 잘되서 일할 때 듣는다는 이야기를 했는데, 그 내용을 읽고 제가 클래식을 잘 알고 있으리라 생각한 분들도 계실지 모르겠습니다. 하지만 안타깝게도 저는 클래식에 대해 잘 모릅니다.

클래식을 들으면 일이 잘되긴 하는데, 들으면서 '이건 바흐의 무반주 바이올린 파르티타 제2번 d 단조BWV1004 잖아!'라고 떠올릴 만한 지식은 없습니다. 알고 있는 클래식 곡도 몇 개 안 되며, 제가 습득하고 있는 클래식 지식은 기껏해야 일본드라마 〈노다메 칸타빌레〉에 나온 대표적인 곡들 몇 개뿐입니다.

그러면 왜 클래식을 듣냐고요? 엠씨스퀘어 같은 효과라고 생각하시면 이해하기 쉬우실까요? 식물에 특별한 관심이 없지만, 공기정화에 좋다고 해서 산세베리아를 놓아두는 것과 마찬가지입니다.

물론 저처럼 번역가라는 직업을 생계유지의 수단으로 생각하지 않고, 번역을 무척 사랑해서 인생을 늘 번역과 함께하고 싶은 분이라면 이야기가 조금 달라질 수 있겠습니다.

하지만 '번역가는 우아하고 지적이며 예의바를 것이다'라는 선입견에 대해서는 조금 더 생각해 주셨으면 좋겠습니다. 어떤 마음과 태도로 번역가라는 직업을 선택했는가는 사람마다 모두 다르니까요.

PART 5

번역가가 되고 싶어요! Q&A

Q. 지금 JLPT N1 수준인데, 얼마나 더 공부해야 실전 번역할 실력을 쌓을 수 있나요?

A. 사람에 따라 다르지만, 하루에 5시간씩 최소 6개월은 공부하셔야 합니다. 무슨 뜻인지 파악하는 것에서 더 나아가 일본어를 바로 한국어로 바꿀 수 있는 '번역 훈련'이 필요하거든요.

이러한 번역 훈련은 번역학원에 다니셔도 좋고, 제가 앞서 말씀드린 팸플릿 보기 등의 방법으로 공부하셔도 좋습니다. 하지만 숙련된 번역가의 첨삭을 받는 방법이 제일 좋습니다.

Q. 저는 지금 중학생(고등학생)입니다. 번역가가 되고 싶은데, 어떤 준비를 하면 될까요?

A. 영어와 국어를 중심으로 열심히 공부하세요. 그리고 꾸준히 체력을 기르세요. 무슨 일이든 체력이 제일 중요하거든요.

국어와 영어는 늘 90점 이상, 1, 2등급을 맞을 각오로 공부를 하셨으면 좋겠어요. 장르를 가리지 않고 책을 많이 읽으시고, 다양한 경험을 쌓으면 좋겠습니다.

Q. 번역가가 되려면 어떤 학과에 진학하면 되나요?

A. 사실 학과는 그다지 상관없습니다. 제 주변 번역가 중에도 통·번역 전공을 하신 분은 몇 명 안 계세요. 그런데도 통·번역을 전공한 분들과 다를 바 없이 활발히 활동하고 있습니다.

자신이 컴퓨터 공학을 전공했다면 컴퓨터 공학과 관련된 번역을, 식품영양학을 전공했다면 식품 관련 번역을 특화 분야로 내세울 수 있습니다.

외국어 실력과 글쓰기 능력이 뛰어나다면, 학과는 번역가가 되는데 아무런 상관이 없습니다.

Q. 번역 자격증이 필요한가요?

A. 어학 자격증은 초반에 경력이 없을 때 번역 업계 진입을 위해 필요할 수도 있으나, 번역 자격증은 번역가 생활을 하는 데는 도움이 되지 않습니다.

Q. 직장 생활과 번역 일을 병행하다가 번역 수입이 일정 수준 이상이 되면 퇴사하고 번역가로 전향하고 싶습니다. 가능할까요?

A. 불가능합니다. 그 이유는 전작 『프리랜서 번역가 수업』에서도 언급했지만 좀 더 이야기해 보겠습니다.

직장 다니기는 큰 에너지가 필요한 일입니다. 퇴근 후에는 충분한 휴식을 취해야 하는데, 귀가해서 번역 일을 하시겠다고요? 그건 너무 자신을 혹사하는 일입니다.

그리고 번역가는 언제 일이 올지 모르기에 5분 대기조 생활을 해야 합니다. 직장을 다니면서 5분 대기조로 번역 일을 처리할 수 있을까요? 가능하지 않습니다.

'일정 수준 이상의 수입'을 얻으려면 하루에 5시간 이상은 번역 일에 매달려야 하는데, 회사에 다니면서 그게 가능할지는 의문입니다. 퇴사하고 쉬면서 준비를 하시든, 직장만 다니시든 하나만 하세요.

Q. 일본, 미국에서 오래 살았으니 번역을 잘 하지 않을까요?

A. 외국 거주 기간이 길면 외국어를 잘할 테니 번역도 잘할 것이다? 이건 크나큰 착각입니다. 외국 거주경력 20년, 30년이면 당연히 외국어를 잘하겠지요.

하지만 단순히 '외국어를 잘한다'와 '번역을 잘한다'는 조금 다르다고 말씀드리고 싶습니다.

실제로 8개월 정도 외국에서 살 다 온 사람은 번역가로 활발히 잘 활동하는데, 20년 동안 외국에서 살았어도 번역가로 그다지 자리를 잘 잡지 못한 사람도 있습니다.

번역업무를 하려면 외국어 실력은 당연히 좋아야 합니다.

번역하는 사람들은 20년을 살다 왔든 1개월을 살다 왔든 누구나 다 외국어를 잘합니다!

그렇기에 번역하는 사람에게 요구되는 중요한 능력은 해외 거주 경력보다는 '글쓰기 실력과 한국어 실력, 센스, 영업력'이라고 생각합니다. 특히 '한국어 실력과 영업력'이 중요합니다.

Q. 글쓰기 능력을 기르려면 어떻게 하면 좋을까요?

A. 글쓰기에 관한 책을 읽어보시는 것도 좋습니다. 하지만 역시 제일 좋은 방법은 글 많이 써보기입니다. 블로그를 하시든, 일기를 쓰시든 꾸준히 글 쓰는 연습을 해보세요.

제일 중요한 건 '꾸준히'입니다. 매일은 못 쓰더라도 일주일에 한두 번은 규칙적으로 써야 실력이 늡니다. 실천해보면 그 효과에 깜짝 놀라게 될 정도로 '규칙적으로, 꾸준히 글쓰기'는 최고의 글쓰기 공부 방법의 하나입니다. 매일 쓰면 가장 좋습니다.

하루에 한 번 정해진 시간, 또는 일주일 중 특정한 날과 시간을 정해 글쓰기를 실천해 보세요. 인기 있는 블로그나 책을 읽고, 어떤 식으로 이야기를 전개해나가는지 파악하고 분석해보기도 글쓰기 실력 향상에 도움이 됩니다.

또 한 가지 좋은 방법으로는 '필사'가 있습니다. 아무래도 내 문장 만들기가 아직 어렵다면, 그 원인에는 여러 가지가 있습니다. 일단 글쓰기 초보자라면 글쓰기 자체를 해 본 경험이 적을 겁니다. 위에서 언급했듯 글은 많이 써야 실력이 늡니다.

하지만, 글이 안 써지는데 어떻게 많이 쓰냐고요? 이럴 때 필요한 방법이 바로 '필사'입니다. 억지로 글을 쓰기보다는 좋은 글을 따라 쓰고 따라 쓴 문장이 왜 좋은지 분석해서 잘 숙지한 후 내 글에 반영하는 겁니다.

글쓰기는 실제로 문장을 쓰는 작업입니다. 손을 움직여서 펜으로 글을 쓰거나 키보드를 두드려서 문장 하나하나를 만들어나가야 합니다. 눈으로 글쓰기 공부를 할 것이 아니라 실제적이고 적극적인 액션이 필요합니다.

'쓰기'는 능동적인 행위입니다. 실제로 손으로 문장을 베껴 쓰면 눈으로 읽었을 때와는 완전히 다르게 글이 읽힙니다. 내용이 더 잘 와닿는 것은 물론, 문장의 구조도 더 잘 파악됩니다.

좋은 문장이나 글쓰기에 도움이 되는 문장을 베껴 쓰면 그 문장은 훨씬 더 머리에 잘 들어오고, 쓴다는 행위 자체에 성취감도 느껴집니다. 많이 베껴 쓰고 자신의 문장도 만들어 쓰는 등 연습을 꾸준히 하면 마치 운전이나 운동처럼 좋은 글쓰기 기술을 몸이 기억합니다.

글을 베껴 쓰면서 자신도 모르게 좋은 문장의 구조를 몸으로 익히게 되고 글쓰기 근육도 더욱 단단해집니다. 필사를 하면 의식보다는 무의식적으로 글을 잘 쓰게 되는데, 무의식은 우리가 흔히 생각하는 것보다 훨씬 더 높은 수준의 도움을 준다고 합니다.

Q. 번역 일을 하려고 컴퓨터를 장만하려고 해요. 사양이 어느 정도면 좋을까요?

A. 사실 컴퓨터 사양은 좋으면 좋을수록 좋습니다. 왜냐하면, 컴퓨터 사양이 낮아서 발생하는 문제들을 최소한으로 줄이기 위해서죠. 하지만 금전적 여유 때문에 최고 사양을 맞추지 못할 수 있습니다. 그럴 땐 기술 번역이나 출판 번역을 한다면 문서 작업이 가능한 정도의 사양이면 됩니다. 번역 작업에 필요한 프로그램인 트라도스(Trados)도 그다지 높은 사양을 요구하지 않거든요.

Q. 번역 일을 시작하려고 해요, CAT Tool을 언제쯤 장만하면 좋을까요?

A. 만약 제가 다시 초보 번역가로 돌아간다면 1년 차부터 CAT Tool을 구매하고 연습하면서 번역 일을 시작하겠습니다.

저는 3년 차쯤부터 CAT Tool을 사용하기 시작했는데, 그 이유는 CAT Tool의 존재도 몰랐고, 어떤 프로그램인지도 몰랐으며, 사용법을 알지도 못했기 때문입니다. 만약 시작할 때부터 CAT Tool의 존재를 알았더라면 1년 차 때 구매했을 것입니다. 업무 효율성이 크게 올라가기 때문입니다.

Q. 샘플 테스트 파일을 받았어요. 마감 시간 안에만 하면 되는 거죠?

A. 네. 마감 시간 안에만 해서 정확히 잘 보내시면 됩니다.

다만, '샘플 테스트 파일을 잘 받았다, 완료하면 보내주겠다'라는 답 메일 정도는 번역 회사에 빠르게 보내시는 게 좋습니다. 그러면 '나는 언제든지 연락이 잘 되며 답변도 잘한다'라는 신호를 번역 회사에 줄 수 있거든요. 프리랜서에게 연락은 기본이라는 사실을 항상 명심하시기 바랍니다.

Q. 컴퓨터도 못 다루고, 오피스 프로그램도 잘 다루지 못하는데 어떻게 하면 좋을까요?

A. 학원에 다니시거나 오피스 프로그램 책을 한 권 사서 습득하시길 추천합니다. 기회가 되면 관련 자격증을 따셔도 좋습니다. 오피스 프로그램 중에서는 엑셀과 워드를 중점적으로 공부하세요. 출판 번역을 목표로 하신다면 한글 프로그램도 잘 다루셔야 합니다.

그리고 검색 능력도 뛰어난 편이 좋습니다.

번역 중에 모르는 단어가 나왔을 때 우리는 보통 사전에서 찾아봅니다. 하지만 모든 단어가 일한사전에 나오지는 않습니다. 이럴 때는 일본어로 된 일본어 사전을 검색하거나 구글이나 야후 재팬에서 단어를 검색하여 어떤 상황에서 어떤 의미로 쓰이는 단어인지 잘 알아보아야 합니다.

또한, 일본어는 한자를 읽는 방법이 다양하므로 고유명사를 어떤 식으로 읽어야 올바른지도 철저히 조사해야 합니다. 그러니 검색 능력이 뛰어나야겠지요.

단어뿐만이 아닙니다. 현재 자신이 번역하는 상품이 어떤 상품이고, 어떤 관광지이며, 어떤 맛집인지에 대해서도 사전에 검색한 뒤 번역을 해보는 것이 중요합니다.

Q. 저는 지금 해외에 거주 중입니다. 번역가 활동을 하려면 국내에 있는 편이 유리하지 않나요?

A. 번역가의 거주지는 국내든 해외든, 전혀 상관이 없습니다. 대부분의 일은 메일로 이루어집니다. 우편으로 서류나 책을 전달받는 경우가 있지만, 해외라고 우편물을 못 받는 건 아니니까요. 인터넷이 잘되는 곳이라면 어디에서든 번역가로 활동하실 수 있습니다.

Q. 저는 아직 실력도 부족하고, 번역 경력도 없으니 무료로 일을 한 다음 나중에 실력이 되면 돈을 받고 일하고 싶습니다

A. 매우 위험한 이야기입니다. 일단, 번역할 사람을 모집하는 업체에서는 '번역가를 고용할 비용'이 있기에 모집 공고를 내는 경우가 대부분입니다.

그런데 질문자님께서 '저는 무료로 해드릴게요!'라고 하면 그 이유에 관해 물을 것이고, '실력과 경력이 없어서 그런다'라는 게 바로 탄로 나지 않을까요? 돈을 주고 번역가를 고용할 만한 여력이 있는 곳에서 뭐 하러 실력이 없는 사람을 고용할까요?

그런데도 무료 노동이 메리트가 되어 어떤 업체에 고용이 되었다고 칩시다. 그 뒤에 일어날 일들을 감당하실 수 있으신가요? 돈을 받지 않고도 꾸준히 약속을 지키며 일하기는 생각보다 힘듭니다. 돈을 안 받고 하는 일이기에 돈을 받고 하는 일보다는 아무래도 책임감이 떨어지게 됩니다.

처음에는 '이건 경력을 위해 내가 하겠다고 한 일이니까 꼭 해야지!'라고 결심하겠지요. 하지만 의지가 약한 사람이라면 3개월

도 지나지 않아 '친구들과 오랜만에 약속이 있는데 약속을 깨면서까지 이걸 해야 하나? 돈도 안 되는데…'라는 생각이 들지도 모릅니다.

회사 입장에서는 처음에는 무료로 번역해준다니 넙죽넙죽 저자세를 취하며 나올 수도 있습니다. 하지만 한두 번 번역을 맡겼는데 번역이 이상하거나 실수를 하거나 납품 날짜를 지키지 못했을 때, 회사로부터 안 좋은 소리를 듣게 될 것입니다. 그러면 서로 감정만 상하겠지요. 무료로 하겠다고 먼저 손든 건 자신이니, 뭐라 할 말도 없습니다.

심지어 악덕 업체일 경우, '당신은 경력이 없는데 우리 덕에 경력을 쌓는 줄 알아라'라는 안하무인의 태도로 나올 수도 있습니다.

무료 번역 노동을 해선 안 되는 이유는 또 있습니다. 만약 질문자님이 A업체에서 무료로 번역을 하게 되었을 때, B업체 대표가 A업체 대표에게 '거긴 번역을 누구한테 맡겨?'라고 물어볼 수 있습니다. 그러면 A업체 사장이 B업체 사장에게 '우리는 무료로 맡긴다'라고 말하겠죠. 때마침 번역이 필요했던 B업체 사장은 직원들에게 말합니다. 'A업체는 번역을 무료로 맡긴다는데, 우리도 무료로 좀 알아봐. 요즘은 무료로 많이 한 대.'

이런 상황이 퍼지고 퍼지면 아마 돈 주고 번역을 맡기려는 사람들이 서서히 줄어들 것입니다. 그러면 번역 시장이 붕괴됩니다. 물론 이는 극단적인 예이긴 합니다만 전혀 불가능한 이야기도 아닙니다.

단지 경력을 위해 무료로 시작했을 뿐이지만, 시장 전체에 악영향을 미칠 수 있습니다. 자신이 앞으로 계속 번역가로서 먹고살고자 한다면, 번역 시장의 질서를 저해하는 일은 해선 안 된다고 생각합니다.

Q. 경력이 전혀 없는 경우, 단가 설정을 얼마로 하면 좋을까요?

A. 일본어→한국어인 경우 최저 10원부터 시작하시면 됩니다.

간혹 최저 단가가 8원인 회사도 있긴 합니다.

처음에는 A4 용지 장당, 건당으로 일이 들어올 수도 있습니다.

이런 경우에는 총 글자 수가 몇 자인지 체크한 뒤 자신이 납득할

만한 단가를 제시해도 좋습니다.

Q. 의역과 직역 중에 무엇을 선택하면 될까요?

A. 저는 의역을 기본으로 하되, 클라이언트가 원하는 방향으로 번역하고 있습니다. 그리고 문서의 특징과 종류에 따라 의역과 직역으로 나눌 수도 있습니다.

기계 매뉴얼과 계약서 등은 직역으로 하는 경우가 많으며, 마케팅이나 관광 번역은 의역으로 하는 경우가 대부분입니다.

Q. 재학 중인 대학생입니다. 앞으로 전업 번역가가 되고 싶은데, 대학이 저와 맞지 않는 거 같아요. 번역가가 되려면 꼭 대학을 나와야 하나요?

A. '반드시' 대학을 졸업해야 한다고 단정할 수는 없지만, 특수한 경우가 아니라면 대학 졸업장은 있는 편이 좋다고 생각합니다. 왜냐하면, 현업 번역가와 번역가 지망생들의 대다수가 대학 졸업장을 갖고 있기 때문입니다. 즉, 대학 졸업장이 없으면 남들이 다 갖추고 있는 요건 하나를 갖추지 못하게 됩니다.

번역 회사에 지원하게 되면 서류심사에서 통·번역 대학원 졸업생들과도 겨루어야만 하는데, 대학 졸업장이 없으면 자신의 번역 실력을 보여주기도 전에 서류심사에서 벽에 부딪힐 수 있습니다.

실제로 번역가 모집 공고에는 학력 요건이 초대졸(전문대학) 이상, 대졸 이상인 경우가 많습니다.

물론 대학을 졸업하지 못했다고 번역가가 될 수 없는 것은 아니라고 생각합니다. 어떻게든 길은 있다고 생각합니다. 하지만 대학을 졸업하는 편이 조금은 더 평탄하기에, 이왕이면 졸업하시는 것을 추천해 드립니다.

PART 6

번역가로 성장한 그들

『프리랜서 번역가 수업』이 출간된 후, 메일과 블로그 댓글로 책을 읽고 번역가의 길을 걷게 되신 분들의 이야기를 많이 듣게 되었습니다.

그저 책을 썼을 뿐인데, 정말 과분할 정도의 감사 인사도 듣게 되었습니다. 이분들의 이야기를 다른 독자님께도 전달해, 더 많은 분이 용기를 갖고 번역가의 꿈을 이루면 좋겠다는 생각이 들었습니다.

블로그에서 『프리랜서 번역가 수업』을 읽고 번역가의 길을 걷기 시작한 분들의 이야기를 모집하였고, 이렇게 책에 소개하게 되었습니다. 번역가를 꿈꾸는 다른 독자님들도 자극을 받아 용기를 가지게 되셨으면 좋겠습니다.

번역가라는 직업은, 충분히 실현할 수 있는 꿈입니다.

안녕하세요. 번역 일을 시작한 지는 3년 정도 되었지만, 번역 일이 안정적으로 들어오지 않아 과외를 병행했습니다.

원래 전공이 러시아어여서 방송 번역 위주로 번역일을 했습니다. 이력서를 분기마다 국내 에이전시에 백 개 넘게 뿌려도 단기성 프로젝트만 연락이 왔어요. 그나마 한국어→러시아어 번역도 장당 만 원을 받을 정도로 낮은 단가에 일을 했죠.

그러다가 서점 외국어 코너에서 호린 님의 책 『프리랜서 번역가 수업』을 발견했고, 사서 읽게 되었습니다. 고등학교 때 외고를 다녔는데 일본어 전공이라서 막연하게 "나중에 영어랑 일본어도 번역하고 싶다!"라고 생각하던 중이었거든요.

그런데 책을 읽고 "지금부터 하면 되지"하는 자신감이 생겼습니다. 일본 에이전시에 이력서도 내보고, 일감이 올라오는 사이트에 등록해서 서서히 일감을 받고 있습니다.

한두 달이 지난 지금은 러시아어 번역뿐만 아니라 영어와 일본어 번역도 조금씩 하게 되었어요. 모든 게 호린 님의 영업 비법을 책으로 익힐 수 있어서가 아닌가 합니다.

항상 블로그도 조용히 눈으로만 보거나 좋아요만 누르고 사라지지만 이런 독자도 있다는 걸 알아주시면 좋겠어요. 속편 쓰시는 거 힘내시고 오늘도 좋은 하루 되세요!

연년생 남매의 엄마가 번역가의 꿈을 키우고 있습니다. 아직 아이들이 어려 막 발을 뗀 수준이지만 제 꿈을 위해 한 발짝 나아갔다는 사실이 참 보람찹니다.

호린 님의 블로그와 책을 통해 얻은 실용적인 정보로 번역 봉사부터 시작하고 있습니다. 초록우산 어린이재단에서 논문번역을 4편 했고 소소하게나마 서신 번역 봉사도 하고 있습니다.

아이들을 기관에 보내지 않고 키우는지라 아직 돈벌이가 되는 번역은 못하지만 두루뭉술한 정보가 아니라 처음 시작하는 사람들이 실천할 수 있는 정보를 공유해주신 호린 님 덕분에 제가 단순히 '엄마'로만 존재하지 않고 '나 자신'의 꿈을 키워나갈 수 있게 되었습니다.

책으로, 블로그로 많은 사람에게 번역가의 꿈을 찾게 해주고 길을 안내해주시는 호린님께 감사드리고 앞으로 나올 책도 여러 사람의 인생을 바꿀 수 있는 책이었으면 좋겠습니다. 책 한 권으로 인생을 바꿀 수 있다는 말, 저는 믿거든요.

안녕하세요. 저는 우연히 호린 님의 블로그를 만나 프리랜서 번역가의 길을 걷기 시작, 이제 5개월 차입니다.

저는 호린 님의 블로그와 책을 읽기 전까진 산업번역이라는 분야가 존재하는지도 몰랐고, 번역은 학력과 인맥이 중요하다고만 알고 있었습니다. 그래서 번역 일을 하고 싶다고 늘 생각은 했지만, '내가 무슨…' 하며 체념하곤 했습니다.

하지만 호린 님을 통해 그것들이 전부 잘못된 정보였다는 걸 알게 되었고, '나도 노력하면 번역가가 될 수 있겠구나!' 하는 용기를 얻었습니다.

호린 님의 블로그와 책에서 얻은 정보로 이력서와 샘플번역을 작성하여 번역회사에 돌리기 시작했습니다. 저는 번역 경력이 전혀 없었지만 그래도 끊임없이 문을 두드리니 답을 주는 회사들도 있긴 하더라고요! 지금은 테스트에 통과하여 번역가로 등록이 된 업체도 몇 군데 있습니다. 물론 지금도 끊임없이 영업 중이며, 가끔 기회가 오는 샘플테스트를 받아보고, 번역 공부하는 나날을 보내고 있습니다.

번역에 관련된 정보나, 그 외 여러 가지 팁은 '번역 실미도(번역가 컨설팅 서비스)'를 통해 얻고 있습니다. 특히 호린 님이 해주시는 번역 첨삭은 잘못 번역한 부분이나, 어떻게 하면 좀 더 자연스러운 번역을 할 수 있을지 콕콕 집어 알려주기에 정말 많은 도움이 됩니다.

그 외에도 실미도에선 이력서 쓰는 방법, 경력 쌓는 방법, 영업하는 방법 등을 자세하게 알 수 있고, 질문 게시판을 통해 궁금한 점을 자유롭게 물어볼 수도 있어서 프리랜서 번역가를 꿈꾸시는 분들은 실미도에 가입하시면 빙 돌아가야 할 길을 좀 더 빠르게 가실 수 있으리라 생각합니다.

저는 실미도에 가입하길 정말 잘했다는 생각을 늘 하고 있고, 실제로 많은 도움을 받았고, 받고 있습니다.

'앞으로 뭐로 벌어 먹고살아야 하나'하며 방황하던 시기에 우연히 호린 님 블로그에 들어가게 된 것은, 지금 생각해보면 운명이 아니었을까 하는 생각이 듭니다.

사실 아직까진 프리랜서 번역가라고 당당하게 말할 수 있을 만큼 일을 많이 받아보진 못했습니다. 여전히 일은 없고, 미래가 불투명해서 불안하지만 저는 곧 죽어도 프리랜서 번역가로 일하며 돈을 많이 벌겠다고 다짐했습니다.

원하는 시간에 일어나, 원하는 시간에 밥을 먹고, 영업 메일을 돌리다가 지치면 산책하러 나가고, 일이 들어오면 일을 하는…. 이런 자유로운 생활이 너무 좋습니다.

물론 바쁘면 종일 키보드만 치고 있겠지만, 그건 저에게는 좀 더 훗날의 일이 될 것 같아요. 인내를 가지고 노력한다면 앞으로 3, 4년 뒤의 제 모습은 지금과는 많이 달라져 있을 거라 믿습니다.

마지막으로, 끝없이 방황하던 저를 프리랜서 번역가의 길로 한발 내디딜 수 있게 용기를 주신 호린님께 진심으로 감사하다는 말씀을 드리고 싶습니다. 호린 님의 블로그와 책을 통해 저는 새로운 길을 갈 수 있게 되었습니다. 『프리랜서 번역가 수업 실전편』도 많은 분에게 용기와 희망을 주는 멋진 책이 되기를 바랍니다!

'방관자'를 '도전자'로 만들어 준 책

안녕하세요. 저는 지방에 거주하는 20대 중반 남자입니다. 번역가가 되고 싶다는 꿈을 가지고 공부를 시작한 시기는 고등학교 2학년 여름이었습니다. 저는 만화와 소설을 좋아했고 책 속 주인공이 고난을 극복하며 성장하는 모습을 지켜보는 것이 좋았습니다. 현실에서 직접 노력하지 않아도 책을 읽으면 성공의 기쁨을 느낄 수 있었기 때문입니다. 쉽게 말해서 대리 만족을 느꼈습니다.

처음에는 단순히 책이 재미있어서 읽었을 뿐이었고 번역가가 되겠다는 생각은 하지 않았습니다. 하지만 책을 계속 읽다 보니 외국어로 된 작품을 우리말로 바꾸는 사람들에게 자연스레 관심이 갔습니다. 관심이 점점 커져 꿈이 된 순간, 저의 가슴이 크게 뛰기 시작했습니다.

번역에 관해 알아보기 위해 인터넷에서 정보를 검색했습니다. 생각보다 사람들의 평가가 좋지 않았습니다. 번역가가 되려면 외국어 능력, 자격증, 대학원 졸업장, 인맥 등 여러 가지가 필요하다는 것을 알게 되었습니다. 이 조건을 갖춘다고 해서 반드시 번역가가 된다는 보장이 없다는 사실도 알게 되었습니다.

사람들의 말을 듣고 지레 겁을 먹었습니다. 현직 번역가가 쓴 책도 많이 사서 읽어보았지만 명쾌한 답을 얻지 못했습니다.

인터넷과 책에서는 모두 외국어 계열 대학교의 통·번역대학원에 진학해야 한다는 것을 전제로 이야기했습니다.

번역가에 관심을 막 두기 시작한 학생이 외국어 계열 대학교에 들어가서 경쟁을 할 수 있을지 의문이었고, 수도권 대학을 다니기 위한 비용도 만만치 않았습니다. 결국, 외국어를 취미로 공부하는 수준에 그치고 말았습니다.

대학교는 집에서 가까운 곳으로 진학했습니다. 장학금 덕분에 돈이 많이 들지 않아서 부모님의 부담을 덜 수 있었습니다. 하지만 대학 생활은 만족스럽지 않았습니다. 성적에 맞추어서 간 학과라서 수업에 재미를 붙이지 못했고, 직접 나서야 이득을 얻는 대학교의 시스템을 잘 이용하지 못했기 때문입니다.

내색은 하지 않았지만 마음이 떠나니 대학교에서 하는 모든 활동이 고통스러웠습니다. 동아리 활동, 무의미한 공부, 심지어 학교 친구와 술 마시러 나가는 것조차 싫었습니다.

저는 모든 것이 싫증이 났고 대학교 1학년을 마친 뒤 바로 군에 입대했습니다.

사실 1학년 1학기 중간고사가 끝난 시점에 공무원 시험을 준비하기로 이미 마음을 굳힌 상태였습니다. 너무 빠르다고 말할지도 모르겠지만 대학교에서 의미 없이 시간을 보내기보다는 훨씬 낫다고 생각했습니다. 경제적으로 부모님을 빨리 도와야겠다는 마음도 있었습니다.

제대 후에 바로 공무원 시험공부를 시작했습니다. 반년 동안 정말 열심히 공부했습니다. 하지만 방심한 나머지 그 뒤로 공부를 소홀히 했고 시험에 떨어지고 말았습니다.

부모님은 다음이 있으니 괜찮다며 격려하셨습니다. 하지만 그 격려가 도리어 저를 압박했고 공부에서 그만 손을 놓아버렸습니다. 공부도 하지 않고 집에서 빈둥거리며 혼자 있는 시간이 많아졌습니다. 방 안에서 혼자 하루를 보내기가 너무 힘들었습니다.

머리는 당장 펜을 쥐고 공부해야 한다는 것을 알면서도 몸이 따라주지 않았습니다. 그렇다고 복학해서 다시 대학 공부를 하고 싶지는 않았습니다. 이도 저도 아닌 상황에서 어떻게든 번역가가 될 수 없을까 하고 인터넷 검색을 하다가 접한 것이 호린 님의 블로그였습니다.

호린 님의 글을 보고 적잖은 충격을 받았습니다. 번역가가 되고 싶다는 꿈을 접은 가장 큰 이유는 어떻게 번역 일을 시작하는지 도저히 알 수가 없었기 때문이었습니다. 사람들은 번역가가 되기 위해 무엇이 필요한지 말해주었지만, 구체적으로 어떻게 일을 시작할 수 있는지는 알려주지 않았습니다. 당연합니다.

사람이라면 누구나 자신이 힘들게 얻은 경험을 쉽게 알려주고 싶어 하지 않습니다. 저는 겁쟁이였고 직접 몸을 부딪치려 하지 않았습니다. 호린 님은 블로그를 통해 번역가가 갖추어야 할 것들과 직접 일을 구하는 방법 등 그동안 듣고 싶었던 답을 친절히 알려주셨습니다.

호린 님의 블로그를 접한 일을 계기로 번역가에 관한 정보를 좀 더 구체적으로 찾을 용기가 생겼습니다. 호린 님의 책을 읽으며 더욱 자세한 정보를 얻었습니다. 용기를 얻은 저는 가슴 한편에 넣어 둔 번역가의 꿈을 다시 꺼냈습니다. 책을 다 읽은 그 날 새벽, 저의 가슴이 다시 뛰기 시작했습니다.

저는 '방관자'였습니다. 멀찌감치 서서 사람들이 꿈을 향해 도전하는 모습을 항상 지켜보기만 했습니다. 이미 손에 쥐고 있는 것까지 놓으며 원하는 것을 쥐려고 하는 사람들을 볼 때마다 제정신이 아니라고 생각했습니다. 어쩌면 저는 손에 아무것도 쥐고 있지 않아서 도전할 수 있었을지도 모릅니다.

방관자는 궁지에 몰리고 나서야 뒤늦게 발악을 시작했고, 우연히 좋은 책을 만나 용기를 얻어 '도전자'가 되었습니다.

제가 만약 다른 일을 하고 있었다면 다니던 직장을 포기하면서까지 번역가가 되려고 하지 않았을 것 같습니다.

일단 번역가는 끊임없이 공부해야 합니다. 어느 정도 익숙해진 삶을 버리고 평생 공부하며 사는 삶을 선택하기는 절대 쉽지 않습니다. 그리고 번역가가 되었다 하더라도 처지가 하루아침에 급격히 바뀌지는 않습니다.

'프리랜서'라는 말이 주는 달콤한 유혹에 빠지면 안 됩니다.

자기 마음대로 할 수 있다는 말은 자기가 하는 모든 행동에 스스로 책임을 진다는 뜻입니다. 단순히 현재 상황을 벗어나고 싶다는 마음만으로 손에 쥔 것을 놓고 무모하게 도전하는 일은 없었으면 합니다. 그래도 번역가가 정말 되고 싶다면 지켜보지만 말고 더 늦기 전에 도전하세요.

이렇게 잘난 척하며 말하고 있지만 저는 아직 번역가가 되지 못했습니다. 여전히 번역가가 되기 위해 공부하고 있습니다.

호린 님의 책을 참고한 덕분에 직접 번역 일을 접해볼 수 있었고, 이 경험을 통해 번역가가 되고 싶다는 마음이 더욱 간절해졌습니다. 상황은 크게 변하지 않았지만 매일의 도전이 즐겁고 보람찹니다.

『프리랜서 번역가 수업』이 준 용기 덕분에 저는 방관자에서 도전자가 될 수 있었습니다. 저에게 용기를 준 호린님께 이 지면을 빌려 감사하다는 말을 전하고 싶습니다. 번역가가 되기 위해 고민하다가 이 책을 집어 든 여러분도 용기를 얻어 멋진 도전자가 되셨으면 좋겠습니다.

노후준비로 번역을 시작하다!

부산에서 일본어 프리랜서 강사로 활동하면서 번역은 '부업'으로 하고 있어요. 호린 님의 책 『프리랜서 번역가 수업』에 번역을 생업으로 하시는 분들의 밥그릇을 어쭙잖은 부업으로 뺏지 말라는 말이 나오는데…. 하하하 저도 정말 노력하면서 눈물겹게 하고 있으니 미워 마세요.

저와 수업을 하시는 학생분들이 번역을 의뢰하는 경우가 많습니다. '인맥'이라고 해야 하나요? 대학교 교수님과 수업하게 되었을 때는 논문 준비에 필요한 서적이나 잡지 번역, 철강회사 대표님 수업을 하게 되었을 때는 회사 매뉴얼이나 새로운 기계가 들어왔을 때의 사용 설명서라던가, 자갈치에서 횟집을 하시는 어머니를 수업하게 되었을 때는 일본어 메뉴판이라던가….

그동안 다양한 분야의 번역을 했네요. 수업도 받으시면서 번역도 맡기시면서 가족 같은 분위기죠.

번역을 하면서 자신도 몰랐던 부분이 공부가 되어 점점 발전한다는 느낌도 받고 무엇보다 '살아있음'을 느낀다고 해야 할까요? 가르칠 때의 입장은 항상 쉬운 것, 초급 수준만을 가르치니 저도 초급에 머물러 있다는 느낌을 지울 수 없는데, 번역을 하면

'완전 고급'을 느낄 수 있으니 아주 신이 납니다.

프리랜서는 항상 불안한 미래 속에 살고 있어요. '내가 나이를 먹어 할머니가 되어도 계속 강의를 하면서 살 수 있을까?' '누가 할머니한테 배우려고 하겠어?' 이런 불안감 속에 번역은 저의 '노후대비'라고 할 수 있습니다. 호린 님의 블로그와 저서는 저의 '노후대비'를 위한 지침서가 되어 주었답니다. 번역을 정말로 하고자 마음먹게 한 '희망' 같은 존재입니다.

호린 님의 블로그를 우연히 인터넷에서 발견하고 그날부터 열광적 팬이 되어 매일 포스팅을 읽었던 기억이 납니다. 읽으면서 정말 글을 쉽게 잘 쓰시는구나 생각했는데 '책'으로 만날 수 있어 반가웠습니다.

호린 님의 블로그와 책을 읽고 번역을 하는 마음가짐이나 나만의 방향과 지침을 설정할 수 있어 도움이 많이 되었어요. 영업이 얼마나 중요하며 '공짜'가 없다는 사실도 절실히 느낄 수 있어서 번역을 실제로 하고 있는 분들에게도 많은 채찍질이 된 것 같습니다.

좋은 책 감사드립니다. 앞으로도 좋은 책으로 많은 독자에게 희망을 주시길 바랍니다.

『프리랜서 번역가 수업』을 통해 번역가가 되고 싶다는 막연한 꿈이 구체화 되었고 오늘 책 번역 계약서를 쓰고 오는 길입니다.

작은 시작이지만 호린 님의 책이 많은 참고가 되었기에 감사하다는 말씀 전하고 싶네요.

PART 7

나는 프리랜서로 산다

프리랜서가 되길 고민하는
2030 여성들에게

좋은 학벌, 뛰어난 학점, 각종 자격증, 많은 대외활동 경험까지 쌓은
A양은 이번에 회사 사무직으로 면접을 보았다. 면접은 5:5 면접이었
는데, 면접관은 대부분 남자였고 지원자는 여자 두 명과 남자 세 명이
었다.

면접이 시작된 지 10분이 넘어가도록 면접관들이 남자 세 명에게만 질
문을 해대는 바람에 A양은 속이 상했다. 면접이 시작된 지 15분쯤 지
나 면접이 마무리되려는 찰나, 면접관이 드디어 A양에게 질문했다.
그런데 그 질문의 내용이 문제였다.

"남자친구 있어요?"

남자친구? 도대체 사무직과 남자친구가 무슨 관계가 있기에 A양은 이
런 질문을 받았을까 싶다. '있다'라고 순순히 대답하자, 면접관이 또다
시 질문하였다.

"결혼할 거예요?"

아니 그건 왜 물어보냐고 말하고 싶었지만, A양은 취업을 하고 싶었기
에 화를 누르고 "그건 잘 모르겠습니다"라고 대답했다.

지금 남자친구가 좋긴 한데 도대체 얘랑 나랑 결혼하는 것과 이 면접이 무슨 관계가 있는지 진심 묻고 싶었다.

"이제 몇 년 후면 결혼할 나이인데, 결혼하면 일은 어떻게 할 거예요?"

맙소사였다. 여기가 과연 2018년의 면접장이 맞는지 A양은 의구심이 들었다. 자신이 결혼할지 안 할지도 모르는데 이런 질문을 듣다니 어이가 없었다. A양이 말했다.

"이 회사는 남자만 사람으로 쳐주나 보죠?"

자리에서 벌떡 일어난 A양은 가방을 챙겨 면접장을 나갔다.

너무 극단적인 이야기 같다고요? 실제로 일어났던 일을 토대로 구성한 이야기입니다. 정말 괜찮다고 알려진 회사에서 이런 대접을 받고 나서 A양은 큰 충격을 받았다고 합니다.

사실 이런 눈에 보이는 차별이 아니더라도 2030세대의 여자 회사원들은 회사와 사회에서 어려움을 겪고 있습니다.

그녀들이 결혼이나 임신을 하게 되면 그 어려움은 구체적으로 가시화되어 현실로 다가옵니다. 결혼은 여자뿐만 아니라 남자도 하며, 아이는 남자와 여자가 함께 낳아 기르는 것인데 어째서 남자는 '가장'이기 때문에 계속 회사에 다닐 수 있는 자원으로 대접받고 여자는 '언젠가 육아 때문에 그만둘 사람' 취급당하는지 모르겠습니다.

이런 차별을 극복하고 승진을 해도 그 과정은 절대로 녹록지 않으며, 그 폐해도 큽니다. 사회에서 성공한 알파걸 중에는 호르몬 불균형을 호소하는 사람이 많다고 합니다. 스트레스뿐만 아니라 직장 생활의 과한 음주 등으로 인한 것입니다.

사람마다 다르지만 보통 여성의 알코올 분해 능력은 남성의 절반 정도 수준입니다. 그런데도 "여자니까 봐준다"라는 얘기가 듣기 싫어 억지로 술자리에 참여하고 버팁니다. 하지만 이렇게 해서 알파걸이 된들, 돌아오는 건 망가진 간과 호르몬 불균형입니다.

남자라고 사정이 더 나은 건 아닙니다.

3년 차 직장인 조용인(가명·30) 씨는 이름만 들으면 누구나 알만한 대기업에 다니다 최근 사표를 냈다. 이유는 '스트레스'로 몸에 이상증세가 나타났기 때문이다. 직장을 다니던 내내 즐거웠던 기억은 손에 꼽을 정도다. 끝을 알 수 없는 어두운 터널에 갇혀 스스로를 잃어가고 있다는 느낌을 받았다.

- "취업했습니다. 그리고 퇴사하겠습니다", 〈파이낸셜뉴스〉, 2018. 4. 7

이러한 대한민국의 현실에서 꼭 회사원이 되어야만 할까요? 물론 안정적인 수입을 위해선 어쩔 수 없을지도 모릅니다. 하지만 꼬박꼬박 들어오는 월급의 대가로 인한 정신적인 피로는 너무

나도 크며, 장래도 밝지 않습니다.

차라리 이럴 바에는 프리랜서가 되라고 설득하고 싶습니다.

기술과 영업력, 성실함만 있으면 프리랜서로 언제까지고 일할 수 있습니다. 성차별을 당하는 경우도 드뭅니다. 결혼한 뒤, 온종일 육아에 시달려도 자신의 의지만 있다면 늦은 밤에 컴퓨터를 켜고 자신의 전문 기술을 뽐내 일할 수 있습니다.

실제로 제 지인인 모 출판편집자는 1인 출판사를 운영하며 프리랜서같이 일합니다. 셋째를 낳고 육아를 하면서도 새벽에 책 자료조사와 원고 검토, 작가 관리 등을 하며 활발히 일하고 있습니다. 24시간을 자신이 경영하니 스케줄도 자율적으로 조정할 수 있습니다. 경력이 단절될 일도 없습니다. 오로지 자신의 시간만 잘 관리하면 됩니다.

육아와 일을 병행한다고 눈치 주는 상사나 동료도 없고, 딱딱하고 건조한 사무실이 아닌 자신의 환경에 맞는 집에서 일을 하니 스트레스가 없어 너무 좋다고 그녀는 말합니다.

물론 저도 그녀의 말에 깊이 동감합니다. 저도 지금의 삶에 아주 만족합니다. 정신적으로도 육체적으로도 편안하며, 직장 다니는 사람들 못지않게 돈도 잘 법니다. 프리랜서를 많은 사람에게 추천하고 싶은 이유입니다.

특히 2030세대의 여성들에게 프리랜서를 권하고 싶습니다. 자신의 전문 기술을 가지고 주도적인 삶을 살 수 있는 프리랜서는 너무나도 매력적입니다.

20대에 회사에서 경력을 쌓고, 30대, 40대에 프리랜서로 전향을 해도 좋습니다. 또는 아예 20대부터 프리랜서 활동을 해도 상관없습니다. 프리랜서가 되어보세요.

물론 장점만 있지는 않습니다. 나름의 고충도 있고, 성격에 맞지 않으면 프리랜서 생활을 지속하기 어려울 수도 있습니다. 안정적이지 않은 면도 있지요. 하지만 이런 단점들에도 불구하고 프리랜서가 되라고 제안하고 싶습니다. 단점을 압도하는 엄청난 장점이 많이 있기 때문입니다. 프리랜서 괜찮지 않나요?

프리랜서가 가능한 직종은?

프리랜서에는 어떤 직종이 있을까요? 사실 저는 번역가 이외에도 프리랜서 직업을 가져본 경험이 있습니다. 바로 강사입니다.

어학원에서 일본어를 가르쳤는데, 수업 외 시간 활용이 자유롭다는 점이 매력적이어서 시작하게 되었습니다. 테스트 강의와 면접을 거쳐 합격하게 되었고, 약 3개월 동안 강사로서 학원에서 일본어를 가르쳤습니다.

실제로 수업 외 시간 활용이 매우 자유로웠는데, 수업만 제대로 해내면 수업 외 시간에는 제가 무엇을 하든 아무도 터치하지 않았습니다. 출퇴근 시간도 수업시간만 제대로 지키면 되었습니다. 이렇게 말하면 '그럼 계속 강사를 하지 그랬어?'라고 생각하겠지만, 안타깝게도 저에겐 남을 가르치는 재능이 전혀 없었다는 사실!

많은 직종에 프리랜서가 존재합니다. 학원 강사, 그래픽 디자이너, 프로그래머, 웹디자이너, 번역가, 앱 개발자, 웨딩플래너 등이 있습니다. 프리랜서는 해당 프로젝트만 그때그때 계약을 맺어

진행합니다. 일정한 시간에 정해진 장소에 출퇴근하는 경우도 있고, 시간이나 작업 장소에 구애받지 않고 맡은 일을 기한 내에 다 하면 되는 프리랜서 일도 있습니다.

직종은 다양하지만 프리랜서에게는 공통점이 있습니다. 모두 한 가지 기술이 반드시 있어야 한다는 점입니다. 프리랜서는 한 가지 기술에 특화된 사람입니다. 이 특기가 없으면 프리랜서로 일할 수 없습니다. 즉, 전문직입니다. 자신만의 전문 기술을 보유하고, 단체나 기업에 소속되지 않고 경제적 활동을 펼치는 사람을 저는 프리랜서라고 생각합니다.

프리랜서가 갖추어야 할
조건

프리랜서가 갖추어야 할 조건에는 어떤 것들이 있을까요? 정신적인 면부터 물리적인 면까지 여기에서 꼼꼼히 살펴보고자 합니다.

집중력

프리랜서에게는 집중력이 꼭 필요합니다. 프리랜서가 작업하는 공간은 '모두가 함께 모여 일을 하는' 사무실인 경우가 드뭅니다.

남의 눈치를 보지 않아도 되지만 그래서 더욱 나태해지고 늘어지기 쉽습니다. 이런 환경이니 프리랜서는 자기 자신을 어르고 달래어 업무에 집중해야만 합니다.

기본적으로 집중력이 뛰어난 사람에게는 그다지 큰 어려움이 아닐지 모르겠지만, 집중력이 현저하게 떨어지는 저는 지난 6년간 프리랜서로 살면서 업무에 집중하기 위해 정말 별의별 짓을 다 해봤습니다.

향기로운 향초를 피우고, 잔잔하고 기분 좋은 클래식을 듣기도 하며, 과자나 과일을 먹으면서 일을 하기도 했습니다. 이런 매우 어려운(?) 과정을 통해 저는 드디어 클래식을 들을 때와 무언가를 먹을 때 집중이 잘 된다는 결과를 얻었으나, 다이어트 문제로 후자는 잘 시도하지 않는 편입니다.

집중력 향상을 위해 작업실, 즉 제 방 인테리어에도 꽤 많은 돈을 투자했습니다. 잡지에 나올만한 멋진 방은 아니지만, 모든 환경 조건이 일하는 저에게 최적화되어 있는 곳은 현재 지구상에 제 방이 유일합니다.

체온과 컨디션에 맞게 냉난방기로 온도를 조절할 수 있으며, 건조하면 젖은 수건을 걸어놓아 습도 조절이 가능합니다.

또한 손가락에 딱 밀착되는 키보드가 있으며, 원하는 밝기의 조명으로 세팅할 수 있고, 제가 좋아하는 음악만을 선곡해 틀어놓는 나의 방이자 작업실. 이곳에서 저는 최대의 집중력을 발휘합니다.

물론 이런 것들이 갖추어지기까지 많은 시행착오가 있었습니다. 제가 저 자신의 비위를 맞추어야 했고, 제가 좋아하는 것들, 제일 집중이 잘되는 조건을 알아내야만 했습니다.

아마 다른 프리랜서들도 이런 시행착오를 거치지 않았을까 생각됩니다. 카페에 가서 작업하는 프리랜서, 자신만의 작업실에서 작업하는 프리랜서, 저처럼 방에서 작업하는 프리랜서. 다들 한 번쯤 평소의 공간이 아닌 다른 공간들을 전전하면서 어디에서 집중이 제일 잘 되는지 파악하려 했을 것입니다.

남의 눈길이 없다는 상황은 언뜻 보기에는 천국 같지만 꼭 그렇지만도 않습니다. 아무도 나를 감시하지 않으니, 모든 것은 다 저의 책임이 됩니다. 자신을 달래어 일하게 만드는 것도 바로 저 자신입니다. 이 아이러니한 상황에서 집중력을 유지하기란 쉬운 일이 아닙니다.

인터넷도 제 작업을 방해하는 한 요인입니다. 컴퓨터로 작업할 파일만을 열고 집중해서 딴짓하지 않고 업무를 마치려면 고도의 집중력이 요구됩니다. 집중하기 위한 작업실이 갖추어졌음에도 불구하고, 집중되지 않는 경우도 당연히 있습니다. 그럴 땐 어떻게 할까요?

각자 '집중이 안 될 때'의 처방전은 다르겠지만, 저는 그냥 일을 잠시 내려놓고 마음껏 놉니다. 집중이 안 되면 그냥 파일을 닫고 침대 위로 뛰어듭니다. 10분, 20분이라도 좋으니 일을 잠시 잊고 화제를 전환하는 시간을 가집니다. 커피를 내리기도 합니다.

커피를 내리면서 지금 하고 있는 일에 대한 점검과 진행사항을 파악하며 한숨 돌리고 나면 묘하게 진정되는 기분이 듭니다.

순발력과 운

프리랜서에게는 순발력이 필요합니다. 어떤 순발력이냐고요? 일감을 놓치지 않는 순발력입니다. 언제 어디서 일감이 들어올지 모르니, 프리랜서는 늘 메일을 확인하고, 전화를 놓치지 않아야 합니다.

일감이 올라오는 사이트를 항상 체크해야함은 물론입니다. 친구와 만날 때, 가족 모임, 데이트 등 어느 상황에서도 일감은 언제 어디서 들어올지 모르니 늘 스마트폰을 손에서 놓지 않습니다. 물론 꾸준히, 정해진 곳에서 일감이 들어오는 일부 부러운 프리랜서들에게는 해당하지 않는 이야기입니다.

또한, 프리랜서에게는 하고 있는 업무를 순발력 있게 처리해, 언제 들어올지 모르는 다음 업무를 대비하는 능력도 필요합니다.

기간이 넉넉하다고 여유를 부리다간 다른 일들이 몰아닥치는 비상 상황에 대비할 수 없습니다. 저도 이런 상황을 몇 번 겪었기에, 아무리 마감까지 여유가 있는 일일지라도 일을 미뤄두지 않고, 파일이 오자마자 작업을 시작하는 편입니다.

업무 전화는 언제 어디서 들어올지 모릅니다. 가족을 위해 고등어를 굽는 와중에 들어올 수도 있고, 아이가 하필 고열에 시달릴 때도 일에 대한 상담이 들어올 수도 있습니다.

이때 우리는 실제 생활과 앞으로의 업무 스케줄을 고려하며 재빠른 판단력으로 순발력 있게 대답을 해주어야만 합니다.

"나중에 대답해 드리면 안 될까요? 지금 좀 바빠서요" 이런 대답을 하면 안 되냐고요? 좀 곤란합니다. 왜냐하면 회사도 지금 당장 이 안건을 누구에게 맡길지 결정해야 하기 때문입니다.

실제 생활과 업무 스케줄을 고려해봤을 때 정말 무리인 안건은 거절할 수밖에 없습니다. 그러니 거절할 땐 칼같이 거절해야 합니다. 어영부영 '좀 더 생각해 볼게요…'라는 대답을 하면 회사도 이 일을 당신에게 맡겨야 할지, 다음 사람에게 넘겨야 할지 모호한 상태가 되어 짜증을 낼지도 모릅니다.

프리랜서에게 거래처는 참으로 소중하고 소중한 곳이니 괜히 모호한 대답으로 짜증 나게 만들지 말고, 일을 할 수 있다, 없다는 것에 대한 대답을 확실히 해두는 편이 좋습니다.

그리고 프리랜서에게는 운이 필요합니다. 어떤 직종이든 운이 안 필요한 직종은 없겠지만 프리랜서에게는 운이 절실합니다.

저는 성당에도 나가고 네이버 운세도 보며 저의 운을 꼼꼼히 확인했던 적이 있습니다. 어떻게 보면 우스울 수 있겠지만, 절박했으니까요.

프리랜서에게 무슨 운이 필요하냐고요?

수많은 업체 중에 내 능력을 필요로 하는 업체가, 하필 내가 소속되어 있는 회사에 하청을 주고 그 회사에 소속되어 있는 프리랜서 중에 내가 뽑힐 확률. 그 희박한 확률이 이뤄질 운이 필요합니다.

이 운을 높이려면 수많은 회사에 프리랜서로 등록되어 있거나 영업을 하면 됩니다. 하지만 아무리 영업을 해도 내가 전 세계에 있는 모든 회사와 거래를 하고 있지는 않으니, 프리랜서에겐 어느 정도 운이 따라주어야 먹고 살 수 있다고 생각합니다.

성실함

프리랜서에게는 성실함이 필요합니다. 자기관리가 철저하면 좋은데, 자기관리 얘기는 나중에 하도록 하고 여기에서는 성실함에 대해서 말해보고자 합니다.

이를테면 새벽 3시에 자서 아침 11시에 일어난다거나, 방만하게 술을 매일 마시면서도 프리랜서 생활을 지속하고 있는 사람이 있을지도 모릅니다. 객관적인 시각으로 보자면 이런 사람은 성실한 사람이 아닐지도 모르지만, 프리랜서 사회에서는 성실한 사람일 수도 있습니다. 왜냐하면, 맡은 일만 잘하면 되기 때문입니다.

새벽 3시에 자든 아침에 10시에 일어나든 별 상관없이, 프리랜서는 납품을 잘 지키고 재깍재깍 연락이 잘 되면 '아, 저 사람 성실하구나'라고 인정을 받습니다. 실제로 지인 중에 밤낮을 가리지 않고 잠만 자는 프리랜서가 한 명 있는데, 그녀는 잠을 자더라도 자신의 할 일은 모두 해놓고 자기 때문에 업체로부터의 평가가 아주 좋습니다.

프리랜서의 성실함은 '동기부여'와도 연관이 있습니다. 프리랜서는 자기 일에 동기부여가 확실하기 때문입니다.

잠시 회사 이야기를 다시 꺼내 보겠습니다. 회사에서는 주어진 일을 해야 합니다. 그 일이 아무리 부조리하고 비합리적으로 느껴져도 상사가 지시한 이상 우리는 따를 수밖에 없습니다. 부조리한 일을 한다고 해서 월급을 더 주지도 않습니다. 하지만 프리랜서는 이런 경우 입장이 다릅니다.

프리랜서는 누군가의 명령에 따라서 일하는 게 아닌, '의뢰'를 받을 뿐이니 불합리하다고 생각하는 일은 거절할 수 있습니다. 물론 그에 대한 기회비용은 고려해야 하지만요.

또한, 일을 아주 잘하지 못해도, 잘릴 정도로 형편없지만 않으면 안정적으로 계속 월급이 나오는 직장인과 달리, 프리랜서는 약간의 방심으로도 수입이 끊길 수 있습니다. 그러므로 성실하게 일할 수밖에 없습니다.

만약 일에 질려 슬럼프가 왔더라도 미래의 자신의 생계를 위해 슬럼프 따위는 없는 일로 치고, 열심히 일에 힘을 쏟을 수밖에

없습니다. 솔직히 슬럼프가 와도 주변에 토로할 동료도 별로 없
긴 하지만요.

프리랜서가
좋은 이유

시간을 자유롭게 쓸 수 있다

프리랜서는 시간을 자유롭게 쓸 수 있습니다. 얼마나 자유로우
냐 하면, 주변 사람들이 제가 백수인줄 알 정도로 자유롭습니다.
물론 마감이 닥쳤을 때는 예외이긴 합니다만….

시간을 자유롭게 쓸 수 있다는 이야기를 더 구체적으로 해 보
자면, 아침에 지옥철을 타지 않아도 되고, 제가 원할 때 식사를 할
수 있으며, 일하다가 잠시 접어두고 최신 영화를 보러 영화관에
갈 수도 있다는 것 등입니다. 타인의 손으로 규정된 시간표 안에
서 살아가지 않아도 됩니다.

학창시절을 좋아했던 사람도 있겠지만 저는 초등학교부터 고
등학교까지의 생활이 아주 싫었습니다. 이유는 단 하나였습니다.

"어째서 내가 내 시간을 자유롭게 사용하지 못하는 걸까?"

획일화된 공간에서 다른 사람들과 똑같은 시간을 보낸다는 것
이 싫었습니다. 저의 시간을 온전히 제가 쓰고 싶은 일에만 사용

하고 싶었습니다. 그 욕망은 대학교를 거쳐 직장생활에서도 여전히 사그라지지 않았고 그래서 프리랜서가 된 것 같습니다.

프리랜서가 되어 자유로운 시간을 손에 넣어서 좋냐고 묻는다면, 저는 당연하게 고개를 끄덕일 것입니다. 물론, 아주 가끔, 아주 아주 가끔, 9시에 출근해 6시에 퇴근하고 다른 사람들과 교류하는 회사원 친구들의 모습이 조금 멋져 보이긴 합니다. 그래서 다시 회사에 취직해볼까? 라는 생각을 할 때도 가끔 있었습니다.

하지만 그런 생각은 최소한 저에게는 다시 취업해서 3일만 출근해보면 사라질 거짓 욕망이라는 사실을 잘 압니다. 어쨌거나 그들은 반강제적으로 직장에 시간을 저당 잡히고 그 대신 월급을 받는 것이니까요. 생각해보면 저는 '시간을 투자해 돈을 얻는 것'보다는 '시간과 관계없이 능력을 투자해 돈을 얻는 것'을 더 좋아하는 것 같습니다.

직장에서 할 일을 다 하고도 모니터를 들여다보며 괜히 일하는 척해야 하는 현실이 너무 싫었습니다. 일을 다 했으면 집에 가야지 왜 꾸역꾸역 6시까지 엉덩이를 붙이고 앉아있어야 하는지도 이해가 안 갔습니다. 상사가 퇴근하지 않으면 퇴근할 수 없는 시스템은 더더욱 이해가 가지 않았습니다.

저는 자신을 '한국 사회 부적응자'라고도 생각하지만 뭐 어떻습니까. 지금은 프리랜서로 잘살고 있으니 말입니다.

자신이 좋아해서 선택한 일을 할 수 있다

프리랜서는 자신이 선택한 일을 합니다. 우리는 자본주의 사회에 사는 사람들로써, '노동'을 하지 않으면 먹고 살 수 없습니다. 자본주의에는 수많은 노동 방법이 있으며, 우리는 고등학교, 대학교를 졸업하면서 수많은 노동 방법 중 하나를 선택해 사회에 나가서 일하게 됩니다. 우리가 선택한 '노동'은 정말 자신이 좋아서 선택한 일일까요?

예를 들어 고등학교 시절, 실내 디자인에 큰 뜻을 품고 대학에 가서 디자인을 전공하기로 마음을 정한 사람이 있습니다. 그 뒤 대학의 디자인과에 진학, 열심히 4년의 대학 생활을 보냅니다. 그리고 졸업을 앞두고 진로를 정하게 됩니다. 이 사람은 과연 고등학교 때 생각했던 것처럼 실내 디자이너로 사회생활을 시작할 수 있을까요?

안타깝게도 한국에서의 현실은 그렇게 녹록지 않습니다. 어릴 때 과학자가 되고 싶었던 아이, 디자이너가 되고 싶었던 아이, 피아니스트가 되고 싶어 한 아이 모두 현재는 공무원이나 대기업 사원을 목표로 하게 된 것이 현재 2030세대의 모습입니다.

주변을 봐도 학과와 관련 있는 직장에 취직하는 사람이 거의 없습니다. 우리가 꿈을 포기하고 공무원이나 회사원을 목표로 하는 이유는 하나입니다. 안정적이고 꾸준히 돈을 받고 싶어서. 결국, 돈입니다.

프리랜서도 돈을 법니다. 능력에 따라서는 대기업 사원 못지않은 수입을 올릴 수도 있습니다. 프리랜서는 자기가 선택한 기술로 일을 합니다. 전공을 살리기도 하고 덕질한 분야를 깊게 파고들어 그걸로 먹고 살기도 합니다.

프리랜서는 자신이 '프리랜서가 되겠습니다'하고 선언해야만 될 수 있는 직종이며, 그 모든 과정을 자기가 선택하고 주도합니다. 저는 '프리랜서'는 자신의 인생을 주도하는 사람이라고 생각합니다.

보통 프리랜서가 되길 꺼리는 이유로 '불안정하다', '영업을 해야 한다' 등을 언급합니다. 하지만, 하고 싶은 일을 하며 돈을 벌 수 있고 자신의 인생을 남의 눈치 전혀 보지 않고 주도적으로 이끌어 갈 수 있습니다. 또한, 직업을 통해 꿈도 이룰 수 있는 것이 프리랜서인데, 단지 위에서 언급한 이유만으로 시도조차 해보지 않고 포기하는 건 너무 아깝다고 생각합니다.

제가 26살 때, 더 나이를 먹으면 신입으로 들어가기 어렵다며, 취업 마지노선이라며 갈팡질팡했던 기억이 있습니다. 하지만 저는 결국 프리랜서를 선택했습니다. 왜냐하면, 취업해서 나이를 먹고, 30대가 되어 결혼, 30대 중반에 회사를 그만두게 될 제 모습이 너무나도 선명하게 그려졌기 때문입니다. 그런 미래를 맞이할 바에는, 차라리 그냥 제가 선택한 일을 하는 프리랜서를 하자고 결심했고, 지금은 충분히 만족하고 있습니다.

꿈을 포기하고 현실을 위해 공무원과 회사원이 되는 사람들이 모두 문제가 있거나 그런 선택이 잘못이라는 이야기가 아닙니다. 그 삶 속에서 다른 꿈을 찾을 수도 있으니까요. 제가 하고 싶은 이야기는 '어차피 돈을 벌 거라면 그나마 자신이 잘할 수 있는 일이나 스스로 선택한 일을 하라'는 것입니다.

프리랜서의
단점

불규칙한 수입

프리랜서의 단점을 얘기해보자면, 일단 불규칙한 수입이 있습니다. 매달 정해진 날짜에 꼬박꼬박 월급이 들어오는 회사원과 달리 프리랜서는 수입이 불규칙하게 들어옵니다. 물론 6개월짜리 큰 프로젝트를 맡아 꼬박꼬박 돈을 받게 되었을 경우 등은 제외하고요.

프리랜서 강사를 예로 들어보겠습니다. 강사는 대체로 학생 수에 따라 강의료를 받습니다. 학생이 낸 돈을 학원과 강사가 나누는 방식입니다. 하지만 이 돈도 절대 금액이 일정하지 않습니다.

왜냐하면, 매달 수강하는 학생 수가 다르기 때문입니다. 어떤 달은 20명이 수강할 수도 있지만, 어떤 달은 3명이 수강해서 생활비가 곤란해지는 일도 있습니다.

번역가나 디자이너 같은 외주 업무의 경우는 사정이 더 심각합니다. 매달 얼마나 자신이 일했느냐에 따라서 수입이 달라지는데, 외주 업무는 한두 곳의 거래처와 일하는 게 아니다 보니 거래처마다 입금일이 다릅니다.

거래처마다 일의 볼륨과 내용도 다르다 보니 입금 액수도 천차만별입니다. 만약 12월 한 달 동안 A 업체에서는 10만 원, B 업체에서는 150만 원짜리 일을 했다고 칩시다. 다음 달이 되어 A 업체로부터 10만 원을 1월 5일에 입금받습니다.

하지만 안타깝게도 B 업체의 입금일은 무려 1월 30일입니다! 저축해둔 돈과 A 업체에서 받은 10만 원을 가지고 한 달을 살아가야만 합니다. 이런 경우는 프리랜서에게 얼마든지 존재할 수 있습니다.

이렇다 보니 프리랜서는 한 달의 재정 계획을 세우는 것이 꽤 골치 아픕니다. 이런 문제 때문에 적금을 쉽사리 가입하지 못하기도 합니다. 하지만 이 모든 문제도 거래하는 회사가 많고 수입이 늘면 모두 자동으로 해결이 됩니다.

일에 쫓기는 생활이 될 수도 있다

저는 친구들과 약속이 있을 때도 종종 노트북을 들고 나갑니다. 제게 주어진 업무를 되도록 빨리, 기한 내에 끝내고 싶기 때문입니다. 친구들이 혹시 약속 시간보다 늦게 나올 경우를 대비해 자투리 시간에라도 일하기 위해서 노트북을 가지고 나가는 것입니다. (매번 지각하는 친구를 만날 때에는 더욱더 노트북을 챙겨나갑니다)

마감 시간에 여유가 있음에도 마감을 넘겨선 안 된다는 강박에 시달리면서 초조함에 떨어본 프리랜서는 저뿐만이 아닐 것입니다. 물론 장기 프로젝트의 경우는 느긋하게 마음을 먹고 진행하는 편이지만, 중요한 거래처에서 일이 오면 저는 그 즉시 일을 수행하는 편입니다. 조금이라도 실수를 줄이고 마감을 넘길 위험 자체를 미리 차단해버리기 위함입니다.

여행을 갈 때도 마찬가지입니다. 물론 일이 없을 때 여행을 가는 프리랜서도 있겠지만, 희한하게도 저는 일이 없다가도 공항에만 가면 일이 몰려오는 경우가 많았습니다. 그래서 노트북을 꼭 챙겨가고 호텔에서도 의뢰 온 업무 파일을 체크하곤 합니다.

볼륨이 크거나 복잡한 업무는 여행지에서 진행하기 어렵지만 파일 체크와 내용 확인 정도는 가능하니, 자신의 앞으로의 스케줄을 가늠해보고 클라이언트에게 답변해줄 수 있습니다.

회사원이라면 사무실을 나서는 순간 사생활 모드로 전환이 가능합니다. 하지만 프리랜서에게는 이 사생활과 업무의 경계가 미묘합니다. 어린이집으로 아이를 데리러 갔다 와서 곧바로 다시 업무에 집중해야 하는 것이 바로 프리랜서 생활입니다.

이런 프리랜서 생활의 특성은 육아와 일을 병행해야 하는 아이를 가진 기혼 여성 프리랜서에게 장점이 되기도 하지만, 어떻게 보면 일상생활 속에 일이 분리되지 않고 함께 존재해, 일에 항상 쫓기고 있다는 느낌을 받게 될 수도 있습니다.

프리랜서는 영업을 할 수 있어야 한다

앞에서 이야기했던 영업에 대해서 좀 더 자세히 이야기해 보고자 합니다.

프리랜서는 '불안정'과 '영업'이라는 말과 밀접한 관계가 있습니다. 절대로 망할 일 없는 대자본의 클라이언트가 오직 당신만을 사랑하지 않는 한, 프리랜서는 영업의 굴레에서 벗어날 수 없습니다. 영업하고, 또 영업해야 합니다.

'영업'이라고 하면 까만 정장을 입고 매끈한 구두를 신고 사무실을 방문해 명함을 돌리는 상황을 생각하는 사람들이 꽤 많습니다.

하지만 2018년 현재, IT 강국인 한국에서 대부분의 영업은 인터넷을 통해 이루어집니다. 업계에 따라 다르지만, 번역 업계에서는 자신의 이력을 깔끔하게 나열한 이력서와 이메일 한 통이면 영업이 끝나는 경우가 많습니다.

그러면 여기서, 취업을 위한 구직 활동과 프리랜서 영업을 비교해보겠습니다.

취업 시장에서는 회사별 맞춤 서식의 이력서를 매번 작성해야 하며, 사실을 서술해야 함에도 창의력이 필요한 자기소개서를 써야 합니다.

자기소개서 내용도 모든 회사에 공통으로 사용할 수 있으면 참 다행이겠지만, 안타깝게도 직무별, 회사별로 내용이 다를 수 있습니다. 자기소개서를 쓸 때마다 논픽션을 쥐어짜 내야 하는 그 고통을 저도 겪어봤습니다.

겨우 서류와 자기소개서가 통과되면, 그때부터 1차 면접이 시작됩니다. 평범하게 면접만 보면 참 속 시원하겠지만 미안하게도 우리나라 기업에서는 PPT 면접 같은 것도 하고 1박 2일 면접까지 등장했습니다.

면접을 통해 우리는 회사에 입사하려면 업무 능력은 기본이요, 외모도 준수해야 하며 인성까지 좋아야 한다는 사실을 깨닫게 됩니다. 그리고 이러한 면접은 한 번이 아니라 많으면 4차까지 진행되기도 합니다.

이렇게 수많은 관문을 통과하고 회사원이 된 이후의 생활은 장밋빛일까요? 과연? 이런 과정을 통해 회사에 입사한 뒤, 자신이 하고 싶은 일을 하고, 퇴근 후에는 취미생활을 여유롭게 즐기며 충분한 잠을 잘 수 있는 사람이 과연 몇이나 될까요?

안타깝게도 우리나라의 기업 중 꿈의 직장은 거의 없어 보입니다. 대부분의 직장인은 야근을 강요당하고 항상 잠이 모자라서 카페인에 의지하는 생활을 해야 합니다. 억지로 일어나서 출근하고, 집에 오면 취미생활은커녕 부족한 체력과 잠을 보충하기에 바쁜 것이 현실입니다.

이에 반해 프리랜서는 어떨까요? 일을 맡을 때 면접은 보지 않는 경우가 대부분이며 컴퓨터 앞에 앉아 정중한 이메일을 뿌리는 것만으로도 영업이 끝납니다. (물론 직종에 따라 다를 수 있습니다) 일반 회사 면접과는 비교도 할 수 없이 간단한 프로세스로 영업이 끝납니다.

회사 면접도 '자기 자신을 판매하는 영업 행위'이며 프리랜서 영업도 마찬가지입니다. 그런데 이렇게 과정에서부터 큰 차이가 납니다. 물론 회사에 들어가기만 하면 정기적으로 꼬박꼬박 월급이 나오니 회사 입사 과정이 당연히 더 어려워야 하지 않느냐고 생각할 수 있습니다.

하지만 프리랜서는 이렇게 간단한 프로세스로 영업이 끝나기 때문에 기본 300군데가 넘는 곳에 자신을 영업할 수 있습니다. 아니, 성실함과 의지만 갖고 있다면 500군데는 훨씬 넘는 곳에 영업 이메일을 보낼 수 있습니다.

이 중 몇 군데에서 연락이 와서 영업이 성공하면 일을 할 수 있게 됩니다. 물론 그 일은 꾸준한 일이 아닙니다. 하지만 우리에게는 아직 영업하지 않은 더 많은 회사가 있습니다. 또다시 100군데에 영업 메일을 보내고 몇 군데와 계약을 하고…. 이렇게 계약한 회사들을 늘려나갑니다.

계약한 회사가 많으면 많아질수록 일이 몰려오게 됩니다. 그러면 이때 준비해둔 자신의 상품, 즉 내가 가진 전문 기술을 좋은 품질로 실수 없이 보여주면 됩니다. 그러면 계약은 계속 유지되고, 회사는 당신에 대한 신뢰가 생겨 더 많은 일감을 안겨줄 것입니다. 이런 선순환이 계속되며 일감이 끊이지 않는 프리랜서가 되는 것입니다.

이때, 계약한 회사들과 일하는 태도도 중요합니다. 프리랜서는 스페셜리스트(전문가)입니다. 클라이언트가 원하는 제품을 만족할만한 퀄리티(질)로 만들어 항상 문제없이 깔끔하게, 정해진 기한내에 납품해야 합니다.

자기 자신을 영업한다는 점에서는 회사원과 프리랜서가 같지만 위에서 언급했듯 영업방식에서는 큰 차이가 납니다. 몇 번의 면접으로 외모, 인성까지 검증받으면서 회사원이 꼭 되어야 할까요? 차라리 이메일과 서류, 샘플을 통해 능력만을 보고 일할 사람을 뽑는 프리랜서가 더 시류에 맞지 않을까요? 방법도 더 간편합니다. 어차피 사회에 자신을 팔아야 한다면, 이러한 프리랜서식 영업이 훨씬 효율적이라고 생각합니다.

프리랜서에게 필요한
준비물

기술

프리랜서에게는 기술이 필요합니다. 프리랜서는 한 분야의 스페셜리스트입니다. 이 기술은 우리가 고객에게 팔려는 '상품'입니다. 당신은 프리랜서가 되기로 결심했습니다. 그렇다면 앞으로 어떤 기술을 '상품'으로 만들어 클라이언트에게 팔 생각입니까?

기술의 종류는 다양합니다. 남을 가르치는 기술이 될 수도 있고, 자신이 디자인한 결과물이 상품이 될 수도 있습니다.

프리랜서는 자신이 가진 기술을 '판매하는 상인'이라고 말할 수 있습니다. 우리는 상인으로서 자신이 가진 상품인 기술을 영업하지 않으면 돈을 벌 수 없습니다.

어떤 기술을 익히면 좋을까요? 자신에게 맞는 직종을 찾는 방법에 대해 조금 조언해보고자 합니다.

'자기가 잘할 수 있는 일과 좋아하는 일 중에 무엇을 직업으로 선택해야 하나?'라는 물음을 한 번쯤 가져본 적이 있을 것입니다.

이 물음에 저는 주저 없이 대답할 수 있습니다. '잘하는 일을 하세요'라고 말입니다. 저는 게임을 좋아해서 게임회사에 다녀본 경험이 있습니다. 게임회사에서 게임을 기획하거나 시스템적으로 다루는 일이 아닌, 게임 유저(사용자)들을 제일 가까이에서 접할 수 있는 GM(Game Master), 즉 운영자 업무를 했습니다.

제가 원하던 일이었습니다. 유저들과 소통하고 이벤트를 기획, 진행하기도 하고 유저들의 불만 사항과 의견을 정리하는 일도 했습니다. 좋아하는 업계에 들어가서 하고 싶었던 직무를 맡았는데, 저는 과연 늘 덩실덩실 춤을 추며 즐겁게 일을 했을까요? 덕업일체를 이룰 수 있었을까요? 대답은 '아니오'입니다.

처음에는 재미있었습니다. 입사 첫 일 주일 동안은 게임을 이해하기 위해 출근해서 9시부터 6시까지 게임만 했습니다. 이래도 되는 건가 싶을 정도였습니다. 실무에 투입된 뒤에도 처음에는 의욕적으로 열심히 일했습니다.

하지만 몇 개월이 지난 뒤, 저는 좀 시들어있었습니다. 유저들로부터 들어오는 비슷비슷한 내용의 문의에 정형화된 답변을 보내고, 전에 했던 이벤트를 반복하며 쳇바퀴 굴러가는 일상을 살고 있었습니다.

저는 유저 입장에서 게임을 즐기기만 했을 뿐, 운영자 입장이 되어 게임 환경을 쾌적하게 만들거나 기발한 아이디어를 내서 이벤트를 진행하는 일에는 영 소질이 없었습니다.

그저 게임을 좋아하니까 게임 회사에 가서 게임 운영 일을 해야겠다고 생각하다니, 너무 안일한 발상이었습니다. 직접 게임을 즐기는 것과 '일'로서 운영하는 것은 확연히 다르구나 하고 절실히 깨달았습니다.

제일 큰 부작용은, 하루 종일 게임회사에서 게임화면을 모니터링하면서 게임을 하니, 희한하게도 집에서는 게임을 하지 않게 되었습니다. 여유 시간이 있더라도 게임을 하지 않았고, 이전에는 온갖 MMORPG 게임을 섭렵했던 제가 몇 군데의 게임회사에 다니고 난 뒤에는 게임을 즐기지 않게 되었습니다.

이렇게 저는, 좋아하는 일을 선택해서 오히려 그것을 멀리하게 되는 결과를 얻고 말았습니다. 그러니 자신 있게 여러분에게 외칠 수 있습니다. "자신이 좋아하는 일보다는 잘하는 일을 해라!" 라고 말입니다.

그렇다면 자신이 잘하는 일을 직업으로 선택하면 어떤 좋은 점이 있을까요? 여기서 잘한다의 의미는 '보통 사람보다 실력이 뛰어난 편이고, 그 능력을 빠르게 발전시키는 일이 가능하며, 그렇게 만들어낸 결과물을 시장에 비싸게 팔 수 있을 정도'라는 의미입니다.

자신이 잘하는 일을 직업으로 선택하면 적어도 좋아하는 일을 직업으로 선택했을 때보다는 좀 더 낫다고 생각합니다.

왜냐하면 기본적으로 잘하는 일이므로 업무적인 스트레스가 낮기 때문입니다. 업무적으로 칭찬받을 가능성도 큽니다. 결과적으로 더 많은 일을 할 수 있게 됩니다.

이런 능력이 있다면, 그리고 해당 업무 분야가 꼭 회사 소속일 필요가 없는, 프리랜서로 일하기도 가능한 업종이라면, 회사를 다니기보다는 프리랜서가 되기를 추천합니다.

자, 만약에 당신이 잘하는 업무를 선택해서 회사에서 능력을 인정받았다고 합시다. 그러면 회사에서 승진도 하고 더 많은 돈을 당장 얻을 수 있을까요? 능력을 인정받아 더 많은 돈을 받게 되는 것이 정상이지만 생각보다 쉽지 않습니다.

당신의 능력이 돋보이게 되면, 동료들의 시기는 기본이고, 상사들은 당신의 능력에 비해 자신이 무능력 해 보일까 봐 당신을 견제하고 억누르려고 할지도 모릅니다. 너무 과장이라고요? 실제로 비슷한 사례를 지인에게 듣게 되었습니다.

어떤 선배가 후배가 작업한 보고서를 자신의 이름으로 윗선에 종종 보고했다고 합니다. 물론 나중에 들켜서 문제가 발생하였고 회사가 발칵 뒤집혔습니다. 당시 회사 내 분위기가 어땠을까요? 상식적으로 생각해보면 다들 선배를 탓하고 후배를 감쌌을 것입니다.

하지만 참 우습게도, 윗사람들은 다들 후배를 나무랐습니다.

"그렇게까지 드러내놓고 (선배의 잘못을) 말하지 않아도 네가 보고서를 작성했다는 사실을 다들 짐작하고 있었다. 왜 회사를 시끄럽게 만드느냐?"라고 말입니다!

상식적으로 이해가 되시나요? 하지만 이러한 일이 우리 사회에서는 매우 많이, 버젓이 발생하고 있습니다.

단정적으로 말하면 회사에서 자신의 뛰어난 능력을 뽐내는 건 그다지 본인에게 큰 메리트가 되지 않는다고 생각합니다. 회사생활에서는 뛰어난 업무 능력도 중요하지만 원만한 인간관계와 센스, 그리고 눈치가 더 중요합니다.

하지만 프리랜서의 경우에는 이야기가 달라집니다. 자신의 능력이 뛰어나면 뛰어날수록 좋습니다. 능력이 뛰어날수록 많은 돈을 벌 수 있습니다. 혼자 일하니 시기하는 동료 따위는 없습니다.

자신의 능력을 맘껏 발휘해도 뭐라 할 사람이 없으며 오히려 클라이언트가 매우 기뻐합니다. 클라이언트의 사랑을 받으면 계약이 꼬리에 꼬리를 물게 되고 수입도 증가합니다.

자신의 능력이 다른 사람에 비해 뛰어나면 뛰어날수록 돈을 많이 벌게 되며 자신의 능력을 더 개발하자는 확실한 동기부여가 됩니다. 자아 계발도 하고 돈도 벌 수 있습니다.

자신이 하는 일을 아주 좋아하지는 않아도 그 일을 해서 큰돈을

벌고 사회적으로 인정을 받으며 금전적인 고민을 할 필요가 없게
되면 그렇게 그 일이 싫지만은 않을 겁니다.

그러므로 프리랜서가 되고자 한다면, 잘할 수 있는 일을 해보
라고 권하고 싶습니다. 물론 자신이 어떤 일을 잘하는지 잘 알고
있는 사람은 생각보다 별로 없습니다. 그러니, 일단 이것저것 여
러 가지 시도를 해보면 좋습니다.

요새는 원데이 클래스(일일 강좌)나 국비지원 계좌제 프로그램
등 체험 기회를 제공하는 시스템이 잘 되어 있어서 마음만 먹으
면 다양한 경험을 해볼 수 있습니다.

국비지원 계좌제 프로그램을 통해 편집 디자인이나 그래픽 디
자인, 웹디자인을 비롯해 애플리케이션 제작 같은 고급 기술도 배
워볼 수 있고 포트폴리오까지 만들어주는 학원도 많습니다.

학원이 부담스럽다면, 현업 디자이너나 앱 개발자들이 진행하
는 세미나 등을 알아본 후 한 번 맛보기로 참여해 보는 것도 좋
습니다.

강사나 웨딩플래너, 모델 등에 관심이 있다면 주변 지인을 통
해 업계 사정을 듣는다던가, 관련 서적이나 기사를 찾아보는 것
도 괜찮겠지요. 요즘에는 SNS도 잘 발달하여있으니 원하는 직종
에 근무하는 사람의 계정을 팔로우하여 이야기를 들어볼 수도 있
겠습니다.

자신에게 맞는 기술을 탐구할 때는 인터넷 검색도 매우 중요합니다. 저는 '번역가 겸 작가'라는 타이틀 중 '작가'라는 타이틀을 얻기 위해 인터넷을 꾸준히 검색하였고, 그러던 중에 공저자를 모집한다는 출판사 블로그의 글을 보고 지원하여 작가로서 데뷔하게 되었습니다.

인터넷 검색만 잘 활용해도 여러 가지 기술을 체험해보고 자기가 잘할 수 있는 전문분야를 탐구해볼 수 있습니다.

절실함

프리랜서에게는 절실함이 있어야 합니다. 영업해야 한다는 절실함, 계약을 따내야 한다는 절실함, 기한에 어떻게든 맞추어야 한다는 절실함 말입니다.

영업을 계속해야 한다는 절실함 없이 그저 이전에 돌린 이력서 100개 중 한 곳에서 일이 들어오기만을 계속 기다린다면 당장 다음 달 카드값을 갚지 못할 수도 있습니다.

100개의 이력서를 돌렸으나 일이 들어오지 않는다면 200개의 이력서를 돌려야 합니다. 일본의 유명한 모 영업우먼은 '거절당하는 것에 익숙해져야 한다'라고 말했습니다. 그렇습니다. 저는 수많은 이력서를 돌릴 때, 제 이력서가 상대방에게 무시당하는 걸 신경 쓰지 않으려고 노력했습니다. 100개의 이력서를 돌렸는데도 일이 들어오지 않는다며 자신과 이 일이 맞지 않는다고 울어선 안 됩니다. 일이 들어올 때까지 이력서를 돌려야 합니다.

이력서가 통과되었으나 샘플이나 포트폴리오를 보고 거절당하는 일도 있을 것입니다. 하지만 이때도 태연해야 합니다. 모든 회사가 내가 가진 상품을 다 좋아할 수는 없습니다. 그때는 과감하게 포기하고, 잊어야 합니다. 그리고 내 상품을 좋아할 만한 다른 회사에 영업하는 것이 정신 건강에 좋습니다.

사실 저는 '좋아하는 일'로써 번역을 선택했습니다. 그때만 해도 '좋아하는 일'보다는 '잘하는 일'을 직업으로 선택하는 편이 낫다는 생각이 없었기 때문입니다.

그리고 안타깝게도 업계에 뛰어든 뒤에 제가 번역을 잘하는 건 아닐지도 모른다는 생각을 하게 되었으며, 번역을 하면 할수록 문자에 질려서 좋아하던 책을 예전만큼 많이 읽지 않게 되었습니다.

하지만 의외의 재능이 있었으니! 저는 '영업'은 성실하게 잘하는 편이었습니다. 번역가가 번역만 잘하면 되는 거 아니냐고 말할 수도 있겠지만, 번역가든, 디자이너든, 강사든, 속기사든, 웨딩 플래너든, 프리랜서라면 '영업력'이 바탕이 되어야 자신의 기술을 선보일 기회가 생깁니다.

참 아이러니하게도 번역은 잘하지 못하지만, 영업력으로 여태 먹고살고 있습니다. 이 영업력의 기반이 된 것은 '돈에 대한 절실함'이었고 이 절실함이 '영업을 계속해야 한다는 절실함'으로 이어지게 되었습니다.

계약을 따내야 한다는 절실함도 마찬가지입니다. 이력서가 통과되고 샘플이나 포트폴리오를 한번 보자는 회사가 나타났다고 합시다. 그때 자신이 준비한 최고 퀄리티의 샘플과 포트폴리오를 보여주는 절실함이 필요합니다.

번역의 경우 업체에서 요청하는 샘플을 정해진 기한 안에 완료해서 보내주어야 하는데, 그때 정말 최선을 다해 샘플 번역을 해야 합니다.

웨딩플래너나 강사 같은 경우에는 한 번 만나서 이야기를 나눠 보자고 할지 모릅니다. 이때 상대방에게 호감을 주고 자신의 열정을 잘 전달하도록 노력해야 합니다. 계약이 성사될 수 있도록 최선을 다해야 합니다.

그리고 기한에 맞추어야 한다는 절실함. 이것은 성실함과도 연결되는 이야기입니다. 아무리 실력이 좋고 깔끔하게 일을 마무리한다고 해도 기한을 어기면 실격입니다. '어떤 일이 있어도 기한을 맞추어야 한다'는 굳은 책임감이 필요합니다.

이 세 가지 절실함을 잘 갖추고 있으면 어떤 프리랜서든 잘 살아남아 생계를 유지할 수 있다고 생각합니다. 앞으로 프리랜서의

길을 걷자고 마음먹었다면 부디 이 절실함을 명심하고 포기하거
나 좌절하지 않길 바랍니다.

호린 박현아 번역가 사용설명서

"주변에 논리적이고 일 잘하는 사람이 있다면 유심히 관찰하고 연구해 볼 필요가 있다."

『로지컬 씽킹의 기술』에 나오는 내용입니다. 주변에 일 잘하는 사람이 있나요? 있다면 그 사람을 닮고 싶다는 생각을 해 보셨나요?

유홍준 교수가 말했듯 '인생도처유상수(人生到處有上手)'. 인생 곳곳에는 고수들이 있습니다. 우리는 항상 고수들에게 배워야 하고 그런 자세를 가져야 합니다.

저는 회사 다니던 시절, 일 잘하는 선배를 보며 "책이라도 한 권 써서 나 좀 보여주지"라는 생각을 했습니다.

하지만 그들은 책을 쓰기는커녕 본인이 왜 일을 잘하는지도 잘 모르는 것 같았습니다. 세상은 불공평합니다. 그들은 그냥 일 잘하게 타고난 것일까요? 일 잘하는 사람들은 '왜 자기가 일을 잘하는지 철저하게 분석'해서 다른 사람들에게 알려줄 의무가 있다고 생각합니다! 하지만 이 세상의 값진 노하우들은 웬만해서는 손에 넣기 힘듭니다.

그렇다고 방법이 없지는 않습니다. 주변에 일 잘하는 동료나 선배, 후배가 있다면 이런 사람들을 잘 관찰하고 그들의 장점을 내 것으로 받아들이는 최후의 방법이 있습니다. 한번은 회사에서 일 잘하기로 소문난 선배와 일을 같이 하게 되었습니다. 오호, 이건 신이 주신 기회야!

모든 후배의 희망 사항은 잘 나가는 선배와 함께 일하며 하나라도 더 배우는 것이 아닐까요? 그 선배가 어떻게 일을 아주 많이 잘한다는 평을 듣게 되었는지 열심히 관찰했습니다.

4개월여를 함께 프로젝트를 하며 관찰한 선배가 일 잘하는 비결은 다음과 같았습니다.

첫째, 일을 많이 했습니다. 이 선배는 화장실도 자주 안 갔습니다! 정말 온종일 모니터만 눈이 빠지게 쳐다보고 일했습니다.

솔직히 이런 사람은 아주 드뭅니다! 여기서 중요 포인트는 일단 일에 시간 투자를 많이 하니 결과가 좋을 수밖에 없다는 사실입니다. 이건 너무 당연한데?

둘째, 관련된 자료를 엄청나게 많이 검토하고 업무에 관한 공부를 많이 했습니다. 일에 대해 열성이 중요합니다! 아침마다 출근 시간에 열심히 봤다면서 업무 자료를 줄줄이 가방에서 꺼내

더군요. 아, 진심 대단하다….

셋째, 약간 자만심을 가져야 합니다. 선배가 하는 말이 "그래도 고객한테 우리가 뭘 보여줘야 하지 않겠느냐?" 이런 말을 많이 했습니다.

세스 고딘의 『이카루스 이야기』에는 이런 말이 나옵니다. '자만하라', '자기 자신을 드러내라'라고 말입니다. 이 말은 도전하라는 말과도 통합니다. 주어진 일을 그냥 하기보다는 "뭔가 보여주겠다, 같은 일을 해도 좀 다르게 해보자" 이런 의지를 가지고 진행하면 더 좋은 결과가 나오는 것이 당연지사입니다.

선배는 스스로에 대해 기대치를 높게 잡고 그 목표를 향해 거침없이 달렸습니다. 일에 대한 열정이 있었습니다. (쫓아가느라 가랑이 찢어지는 줄 T.T) 이 선배와 같이 일하면서 많이 배웠고 스스로 부족한 부분이 무엇인지 반성하는 계기도 되었습니다.

주변에 일 잘하는 사람이 있다면 그냥 '일 잘하네!' 하고 넘어가지 말고 반드시 열심히 관찰하고 배울 점이 없는지 잘 생각해봐야 합니다. 이런 일이 반복되면 어느 순간 나의 실력도 내가 따라가고 싶었던 그 사람들만큼 좋아져 있을 테니까요.

우리는 프리랜서 번역가가 되고 싶거나 관심이 있습니다. 그럼 이 바닥의 고수를 만나야 합니다.

박현아 작가님은 저희 출판사가 출간한 에세이집 『걸스 인 도쿄』를 함께 작업하면서 처음 만났습니다. 책이 출간되고 얼마 후 작가님이 써놓은 원고가 있다며 출판 할 수 있냐고 물어오셨습니다.

저 또한 예전부터 '프리랜서 번역가'에 관심이 있었고 원고도 너무 좋아서 바로 출판을 결정했습니다. 출간 후 많은 분의 사랑도 받았습니다.

박현아 작가님은 블로그 활동뿐만 아니라 소모임도 하고 여러 활동을 끊임없이 찾아서 합니다. 저런 에너지는 어디서 나오는가? 라는 생각이 듭니다. 박현아 작가님을 보고 문득 일 잘하던 그 선배가 떠올랐습니다. 업계는 달라도 일을 잘한다는 것의 본질, 일 잘하는 사람의 특징은 거의 유사합니다.

일 잘하는 선배의 특성은 박현아 작가님과 너무 유사했고 작가님의 책에도 거의 비슷한 내용이 다 들어있습니다.

그렇습니다. 박현아 작가님은 잘 나가는 프리랜서 번역가이기도 하지만 간단하게 말하면 '일을 잘하는 사람'이었던 것입니다. (어머, 이런 사람은 꼭 따라 해야 해!)

더군다나 (제가 있던 IT 컨설팅 업계의 선배들과는 달리) 박현아 작가님은 프리랜서 번역가에 관한 책을 두 권이나 내고 (이 책 포함 두 권) 블로그에 유용한 정보도 많이 올리며 프리랜서 번역가가 되고자 하는 사람들에게 큰 도움을 주고 있습니다.

원래 사람들은 자기가 아는 영업 비밀이나 노하우를 잘 알려 주지 않습니다. 아주 치사할 정도로 숨기곤 합니다.

책 『패션MD』 시리즈의 저자 김정아 패션 MD는 처음 패션 업계에 들어가서 어느 멀티숍 대표에게 '뉴욕 패션위크 땐 어디를 가야 하느냐'라고 물었다가 '무례하다. 그건 영업비밀이라 물어보는 게 아니라'라는 말을 들었다고 합니다. 공부를 하려 해도 관련 책 한 권 없었다고 합니다. 맨땅에 헤딩하듯 시작해 패션계에 탄탄히 자리 잡고 나서 '내가 몸으로 깨달은 걸 남들에게 알려줘야지!'라는 생각으로 패션 MD에 대한 책을 썼다고 합니다. ("『패션MD』 3권 완간한 김정아 대표… 책과 옷에 미친 러시아 문학 박사", 〈조선일보〉, 2018. 9. 20 기사 참고)

이 기사를 읽고 저는 박현아 작가님이 떠올랐습니다. 작가님도 같은 이유로 책을 냈기 때문입니다.

책이나 정보가 없으면 일 잘하는 사람 옆에서 눈으로 보며 배우는 수밖에 없습니다. 그나마 배우려고 했다면 다행입니다.

우리는 주변에 일 잘하는 사람이 있으면 그냥 감탄만 하고 그걸로 끝냅니다. 그래서는 안 됩니다. '대단하네!'로 끝나는 사람과 '왜'를 반복하는 사람 간에는 시간이 지날수록 커다란 차이가 생깁니다. 박현아 작가님 같은 사람들을 따라 해야 합니다.

앞에서도 언급한 책 『로지컬 씽킹의 기술』에는 '기술은 철저하게 모방 학습을 통해 체득된다'라는 말이 나옵니다. 프리랜서 번역가는 선배와 같이 일을 할 기회가 없습니다. 혼자 일을 하니 누구에게 배우기도 어렵습니다. 하지만 박현아 작가님의 책을 읽고 책에 나오는 기술을 철저히 모방하면 됩니다. 여기서 말하는 기술은 '지식'과 '경험'의 복합체를 의미합니다.

책을 통해 기술과 지식을 쌓고 실전 경험을 쌓는다면 분명 원하는 수준의 실력 있는 프리랜서 번역가가 될 수 있습니다. 이 책에서도 강조하고 있지만, 책을 읽고 끝내면 안 됩니다. 반드시 '실천'하셔야 합니다.

제 생각이지만 번역도 분명 '암묵적 지식'의 영역에 포함되기 때문입니다. 암묵적 지식이란 자신은 좀처럼 의식할 수 없지만 무의식이나 몸으로 알고 있는 지식을 의미합니다. 언어로 표현하기가 힘들다는 특성이 있습니다.

잘 생각해보면 말로는 표현하기 힘들지만 어렴풋이 몸으로 알고 있는 것이 우리 주변에는 많이 있습니다. 번역 잘하기가 힘든 이유는 번역은 단순한 기술이라기보다는 암묵적 지식에 가깝기 때문일 것입니다. 그리고 이런 번역의 특성이 번역을 전문직으로 대접받게 해주고 아무나 잘할 수 없는 영역으로 만들었다고 생각합니다. 인공지능도 따라가기 힘든 영역은 이런 암묵적 지식의 영역입니다.

암묵적 지식은 실제 경험을 통해서만 배울 수 있고 문서나 말로는 설명이 힘듭니다. 선배나 동료들이 일하는 방식을 보고 배우는 일도 이 암묵적 지식에 속합니다.

일본의 지(知)의 거장 다치바나 다카시의 말에 의하면 이 암묵적 지식을 기르는 데는 양질의 정보를 입력하는 방법밖에 없는데 여기서 말하는 양질의 정보는 결코 단순 암기 지식을 의미하는 것이 아닙니다. 많이 보고 느끼고 읽고 체험하는 것만이 도움이 되는데 간단하면서도 가장 좋은 방법이 바로 독서입니다.

책을 읽으면 어렴풋이 어느 정도 알고 있던 사실을 분명하게 나의 지식으로 만들 수 있습니다. 인식을 정착시키는 것입니다.

이 책을 읽고, 지식을 내 것으로 만들기 위해 실제로 많이 번역하고 영업을 하고 번역 업계에서 경험을 쌓아야만 합니다. 작가님도 강조하지만, 책을 평소에 많이 읽어야 합니다.

프리랜서 번역가에게 필요한 암묵적 지식의 영역은 크게 '번역 기술', '영업 기술', '번역 업무 프로세스 잘 알기' 정도가 아닐까 합니다. 암묵적 지식은 '경험 지식'이라고도 불립니다. 이 암묵적 지식이 쌓이면 사고력, 창의력 그리고 문제해결능력이 발달합니다.

책에서 박현아 작가님도 강조하지만 주도적으로 일을 하고 나만의 방법을 찾아야 합니다. 주도적으로 일을 하면 기술적 지식 외에 다양한 암묵적 지식을 습득할 수 있습니다. 자신감도 상승합니다.

'번역 실력'만 가지고 프리랜서 번역가로 성공할 수는 없습니다. 번역 실력은 기본이고 영업 활동을 비롯한 일련의 모든 업무 관련 작업에서 다양한 경험과 실전을 통해 나만의 노하우를 쌓아나가야 합니다.

『프리랜서 번역가 수업』과 『프리랜서 번역가 수업 실전편』에는 프리랜서 번역가가 되기 위한 모든 것이 다 들어 있다고 생각합니다.

책을 읽고 의문이 가거나 모르는 부분이 있다면 박현아 작가님에게 물어보세요. 철저하게 나보다 앞서 나가는 사람을 모방하고, 지식을 얻어서 쌓고, 다시 이 모든 지식을 내 몸에 길들이기 위해 다양하고 폭넓은 경험을 쌓아나가면 됩니다. 그러다 보면 어느 순간, 프리랜서 번역가로 우뚝 서 있는 자신을 발견하실 겁니다.

이상, 호린 박현아 번역가 사용 설명서였습니다.

프리랜서 번역가 수업 실전편

호린의 프리랜서 번역가로 멋지게 살기

초판 1쇄 인쇄   2018년 10월 15일

초판 1쇄 발행   2018년 10월 22일

지 은 이   박현아

펴 낸 이   최수진

펴 낸 곳   세나북스

출판등록   2015년 2월 10일 제300-2015-10호

주   소   서울시 종로구 통일로 18길 9

홈페이지   http://blog.naver.com/banny74

이 메 일   banny74@naver.com

전화번호   02-737-6290

팩   스   02-6442-5438

I S B N   979-11-87316-31-2 13730

이 도서의 국립중앙도서관 출판예정도서목록(CIP)은 서지정보유통지원시스템 홈페이지
(http://seoji.nl.go.kr)와 국가자료공동목록시스템(http://www.nl.go.kr/kolisnet)에서
이용하실 수 있습니다.
(CIP제어번호 : CIP2018031000)